'ÍNDICE

PREFÁCIO

Atuando na área de Linguística Aplicada por muitos anos, as questões relativas ao ensino-aprendizagem-avaliação de línguas estrangeiras ou adicionais, tanto do inglês como do português têm sido o foco de meu interesse e muito importantes em minha trajetória acadêmica. Portanto, fico muito feliz em tomar conhecimento desta coletânea e, mais ainda, em poder prefaciá-la.

Organizada por Francisca Paula Soares Maia (UNILA) e Regina Maria Gonçalves Mendes (PUC/MG), tendo como editor diretor Luis Gonçalves (Princeton University), o livro, a ser publicado nos Estados Unidos, traz dez artigos, em que são abordados assuntos variados sobre o ensino do português e do inglês em contextos diversos no Brasil, com exceção de um, que tem como foco o ensino do português no Peru. Os autores, de instituições e linhas teóricas distintas, são todos participantes do grupo de pesquisa do CNPq *"Estudos (Sócio)Linguísticos e de Integração de Culturas na América Latina"* e é esse contexto, portanto, que se torna o pano de fundo para as pesquisas e reflexões dela decorrentes apresentadas nesta coletânea, lhe conferindo unidade.

Dentre as várias questões e contribuições abordadas pelos artigos, estão aquelas sobre o uso do português no contexto sul-americano de fronteira, que tem como cenário movimentos migratórios de natureza diversa, por vezes forçados -- como são os de refúgio -- , que geram contatos linguísticos permeados por conflitos porque fazem aflorar questões de identidade e de poder, e que exigem reflexões profundas pelas repercussões que têm tanto para as políticas linguísticas e educacionais, para as metodologias de ensino de português e para a formação de professores. Por ter vivenciado muitas experiências em contexto sul-americano, quer pela minha participação ao longo de muitos anos no Núcleo de Português e Espanhol (PELSE) da Associação de Universidades do Grupo Montevidéu (AUGM) quer em projetos e outras iniciativas, incluindo aquelas relacionadas com o exame Celpe-Bras (Certificado de Proficiência em Língua Portuguesa para Estrangeiros) posso afirmar que, apesar da relevância desse contexto, plurilíngue e multicultural, sociologicamente rico e complexo, ainda são poucas as publicações explorando seus vários aspectos. São grandes os desafios a serem enfrentados para quem ministra as aulas a esse público diverso, também composto por turistas de diferentes nacionalidades, assim como para as políticas públicas para o desenvolvimento interregional, o que exige considerações sobre o conceito de língua estrangeira/adicional e formação do professores, dentre outros.

Outra contribuição importante deste volume são as reflexões sobre o português como língua de acolhimento (PLAc), um conceito bastante discutido no momento atual e que precisa ser mais bem entendido dentro do contexto de fluxos migratórios brasileiros. Como a maior parte dos professores das redes públicas e privadas que recebem os alunos estrangeiros são professores de língua materna, é muito importante o oferecimento de cursos de capacitação para que esses professores possam entender as especificidades desse contexto e abrir caminhos para práticas mais condizentes com as necessidades desses alunos, levando a melhores resultados em termos de aprendizagem.

Não necessariamente limitadas ao contexto acima descrito, mas relevantes para o ensino e aprendizagem do português como língua adicional em geral são um conjunto de artigos que têm como palco a sala de aula propriamente dita em termos de materiais e metodologias de ensino, como por exemplo, aquele que discute o uso de paráfrases de textos literários para o ensino da competência comunicativa, ou ainda o que propõe o uso de crônicas de autores nacionais para explorar implícitos culturais e práticas sociais do brasileiro para o desenvolvimento da competência comunicativa intercultural, muito importantes em contextos multiculturais. Ainda tendo como cenário a sala de aula, dois artigos tratam da questão da variedade linguística: um, que discute a questão sob o ponto de vista mais conceitual, e outro que coloca em questão qual seria a variedade a ser privilegiada na aula de PLE em um país como o Brasil, bastante diverso linguisticamente, em que o aprendiz se dá conta de que a variedade escrita não coincide com a variedade de fala que ele observa na interação com falantes nativos.

Como não poderia faltar em uma obra contemporânea -- e ainda considerando a sala de aula -- também está presente uma discussão sobre o ensino da língua inglesa sob duas perspectivas distintas: da teoria dos multiletramentos e do gerenciamento da aprendizagem através da dinâmica de interações, esta baseada na teoria da complexidade. No primeiro caso, a ênfase é na alfabetização crítica e digital através da experiência de um projeto do qual participaram 107 escolas de ensino médio em âmbito global e que, colaborativamente, desenvolveram tarefas para auxiliar os alunos no denominam de "Objetivos de Desenvolvimento Sustentável". No segundo caso, fundamentada por teorias sociointeracionistas de aprendizagem, a ênfase recai sobre o desenvolvimento de atividades do livro didático que propiciaram o engajamento dos alunos em interações, facilitando, assim, a aprendizagem.

Não necessariamente para uso na sala de aula, mas para consulta, é apresentada a organização de um dicionário enciclopédico de terminologia das principais especialidades das áreas de letras e linguística, em edição eletrônica, o que seria uma obra de referência para estudiosos da área da linguagem.

Para concluir, gostaria de agradecer o convite para escrever este prefácio e parabenizar as organizadoras e os co-autores pela iniciativa, que tenho certeza, será leitura obrigatória para especialistas, professores, formadores de profissionais, alunos de pós-graduação e pessoas da área da linguagem em geral.

Matilde V. R. Scaramucci
Professora titular aposentada do
Departamento de Linguística Aplicada da Unicamp
Pesquisadora colaboradora voluntária do
Programa de Pós-graduação em Linguística Aplicada da Unicamp

Orgs. Francisca Paula Soares Maia & Regina Maria Gonçalves Mendes

1
ATITUDES LINGUÍSTICAS EM FOCO: REFLEXÕES EM TORNO DAS LÍNGUAS NA UNILA

FRANCIELE MARIA MARTINY

Introdução

Neste trabalho serão abordadas reflexões em torno do desenvolvimento de investigações feitas nos últimos anos, dentro da carreira de docente no ensino superior na Universidade Federal da Integração Latino-Americana (UNILA), um espaço sociolinguisticamente complexo Cavalcanti (1999), que possui um amplo quadro de discentes, docentes e técnicos administrativos de várias partes do Brasil, dos demais países da América-Latina e do Caribe, e ainda, neste ano (2019), a instituição recebeu refugiados e portadores de visto humanitário e estudantes oriundos de povos indígenas aldeados da América do Sul. As iniciativas ampliaram ainda mais o número de etnias presentes na universidade[1].

Assim, diante desse cenário plutilinguístico e pluticultural, tem-se convivido com e presenciado situações diversas de usos linguísticos, no contato com muitas variantes do português brasileiro, além de muitas variantes do espanhol, entre tantos falares de línguas presentes também na universidade, mas, que muitas vezes, podem ser silenciados por possuírem um *status* minoritário nesse espaço.

A própria cidade em que a citada universidade está situada, Foz do Iguaçu, região Oeste do Paraná, apresenta um contexto complexo de correntes migratórias em regiões fronteiriças (Brasil-Paraguai-Argentina), reunindo uma diversidade cultural e linguística muito grande. Essa realidade permite a

---

[1] Com a presença de discentes, por exemplo, da Angola, Barbados, Benin, Congo, Gana, Costa do Marfim, Paquistão, República Democrática do Congo, Rússia, Senegal e Síria.

análise de uma gama de comportamentos sociolinguísticos em torno das diversas culturas e línguas em contato devido às relações comerciais, de trabalho ou, como nesse caso, às relações educacionais. Portanto, mesmo que as regiões de fronteira sejam espaços propícios para a experimentação de projetos de integração linguístico-cultural, como se busca com a Unila, essas também são caracterizadas como regiões de agendas políticas voltadas a resolver uma potencial predisposição para o conflito (RIBEIRO BERGER, 2015).

A referida instituição de ensino nasce como uma universidade brasileira bilíngue (português e espanhol), criada pela Lei n° 12.189, de 12 de janeiro de 2010. Oferta, atualmente, 29 cursos de graduação, cinco cursos de especialização, um Programa de Residência Multiprofissional em Saúde da Família e 11 cursos de mestrado, possuindo mais de 5 mil estudantes matriculados na graduação e mais de 500 na pós-graduação. A sua "missão institucional é a de formar recursos humanos aptos a contribuir com a integração latino-americana, com o desenvolvimento regional e com o intercâmbio cultural, científico e educacional da América Latina, especialmente no Mercado Comum do Sul (MERCOSUL)"[2]. Oficialmente, a instituição reconhece a coexistência de sete línguas - português, espanhol, guarani, crioulo haitiano, francês, aimará, quéchua - que são parte do contexto plurilinguístico da universidade. Constam cursos gratuitos de línguas como alemão, inglês, italiano, francês, guarani, mandarim, entre outras, em turmas abertas para a comunidade acadêmica e para a região da tríplice fronteira, em cursos de extensão. Esse contexto de interação assimétrica entre diversas línguas que coexistem na universidade não é estável entre língua dominante e as demais, o que provoca, em muitos casos, a baixa-estima linguística devido às marcas que possuem falares que podem não ter prestígio social nesse espaço, numa relação de forças nem sempre assumidas entre as línguas que estão presentes e são obrigatórias no currículo e as que podem ser ensinadas em cursos e ações extracurriculares, como optativas, possuindo um espaço menor na academia. Há, geralmente, a eleição de uma língua nas práticas linguísticas dos estudantes e demais participantes, que é orientada pela aceitação dos seus interlocutores nas variadas situações interativas das quais o sujeito participa.

Com base nessa breve ambientação, são traçadas, na sequência deste estudo, algumas considerações a partir da atuação no desenvolvido do projeto de pesquisa "Atitudes linguísticas em torno do uso e do ensino-aprendizagem de línguas em contexto multilinguístico", o qual já envolveu a orientação de dois planos de trabalho em Iniciação Científica (IC) e caminha para o desenvolvimento de um terceiro. Tal investigação prima,

---

[2] Informações disponíveis em: <https://portal.unila.edu.br/institucional>. Acesso em: jan. de 2019.

especialmente, por focar as questões que envolvem as línguas e seus usos na universidade, com vistas a analisar os comportamentos linguísticos de falantes de diferentes grupos étnicos.

O projeto focaliza grupos participantes desse contexto universitário, por meio da aplicação de entrevistas semiestruturadas que contemplem o perfil sociolinguístico e outras questões sobre as atitudes linguísticas dos falantes nas ocorrências das línguas usadas pela comunidade acadêmica, a partir das perspectivas de autores como Mackey (1968), *Blom* e *Gumperz (2002)*, Grosjean (1983) e Goffman (1988). O roteiro de entrevista é adaptado à realidade sociolinguística e cultural da comunidade pesquisada, como fez Corbari (2014) em sua tese, contemplando questões que verificam: a) a(s) língua(s) falada(s) pelo sujeito com os familiares, ao longo de sua vida, e na atualidade; b) a percepção do sujeito com relação às diferentes línguas faladas na universidade e em seu entorno; c) a avaliação do sujeito com relação a essas línguas; d) o posicionamento do sujeito com relação ao seu uso das línguas e à sua aprendizagem da língua adicional na universidade; e f) a aceitação ou não do sujeito de manter vínculos afetivos/acadêmicos com membros das diversas etnias. As análises são feitas qualitativamente, a fim de tentar compreender um pouco mais este espaço, visando também que as minorias sejam ouvidas, averiguando como estão acontecendo esses contatos e como os falantes estão se comportando linguisticamente nesse cenário de pluralidade cultural e linguística.

A partir dessa introdução, na sequência deste trabalho, serão abordadas algumas questões teórico-metodológicas que abrangem aspectos em torno do que se tem visto na pesquisa, orientada pela e para a (auto)reflexão, observação e discussão, com alguns comentários a respeito dessa experiência.

Direcionamentos teórico-metodológicos: o sempre refletir do docente e pesquisador

Sobre os estudos que envolvem contextos plurilíngues, como esse que está sendo explanado, é possível verificar o aumento de pesquisas, certamente não o suficiente ainda, nos últimos anos no Brasil, uma vez que o país apresenta uma diversidade linguística e cultural muito grande. Essa realidade possibilita um campo profícuo de pesquisas, que podem abarcar a análise do comportamento linguístico de falantes em relação às diversas línguas que estão em contato ou mesmo à variação linguística dentro de uma mesma língua.

Para tentar abranger tais discussões, tem-se buscado contribuições de leituras feitas durante a participação em dois grupos de pesquisas, a saber: "Estudos (Sócio)Linguísticos e de Integração de Culturas na América Latina" da própria Unila, e "Políticas linguísticas e educacionais no Oeste do Paraná" da Universidade Estadual do Oeste do Paraná (Unioeste). Ambos os grupos têm proporcionado discussões pertinentes sobre o compromisso ético e político de fazer pesquisa, em grande parte delas, no campo de conhecimento da Linguística Aplicada (LA), como um campo autônomo de natureza *inter-multi-trans*disciplinar, na relação com a educação, a psicologia, a etnografia, a sociologia, entre outras áreas de conhecimento que possam dialogar e se completar.

Trata-se de um campo que assume fazer uma reflexão contínua sobre si mesmo, ou seja, uma área que se repensa insistentemente, não buscando respostas prontas, generalizantes ou mesmo teorias aplicáveis a qualquer contexto. Sob essa perspectiva, nas considerações de Moita Lopes:

> [...] é inadequado construir teorias sem considerar as vozes daqueles que vivem as práticas sociais que queremos estudar; mesmo porque, no mundo de contingências e de mudanças velozes em que vivemos, a prática está adiante da teoria [...] A *Linguística Aplicada*, nesse novo contexto, toma o sujeito social como heterogêneo, fragmentado, um sujeito historicamente inserido em um contexto [...] (MOITA LOPES, 2006, p. 31).

É perceptível que a LA tem passado por várias etapas para uma formação mais consciente nos tempos atuais. Nesse sentido, com uma prática reflexiva, a partir de tal direcionamento, a pesquisa aplicada no campo de atuação docente, nas próprias aulas, fazendo entrevistas, registrando considerações em diário de campo e realizando análise documental, vão-se relacionando percepções, avaliações e posicionamentos dos sujeitos com relação às línguas.

Pretende-se, com esse viés, mostrar um ponto de vista pluricultural, em que o conceito trabalhado em torno do bilinguismo seja tomado como um complexo fenômeno sociolinguístico, que abrange situações sociais mais amplas, não isentas, nem transparentes.

Considera-se, portanto, que a LA, em diálogo com a Sociolinguística, permite uma visão ampliada, na revisitação de teorias e metodologias para o levantamento de situações sociolinguísticas, históricas e culturais dos sujeitos participantes nas pesquisas, a fim de compreendê-los como sujeitos e não meramente como objetos de pesquisa. Nas palavras de Rojo, "A resolução do problema gerará conhecimento útil para um participante do mundo social e seus interesses e perspectivas são considerados na investigação" (ROJO, 2006, p. 258). Assim, não apenas é primordial escutar os participantes, como fazer com que a pesquisa tenha retorno e validade para a melhoria de seu cotidiano, neste caso, em torno das questões de ensino e de aprendizagem de línguas.

Inserem-se, nesse sentido, os estudos em uma visão interpretativista Erickson (1986) no fazer pesquisa aplicada, buscando evidenciar essa relação língua-cultura-sujeito, como constituição identitária do falante, não neutralizando preconceitos e estereótipos, tampouco apagando os grupos minoritários participantes do contexto universitário, que influenciam e são influenciados pelas práticas sociais das quais fazem parte. Como esclarece

Cavalcanti, "[...] um indivíduo emerge através dos processos de interação social, não como um produto final, mas como alguém que é (re)construído através das várias práticas discursivas das quais participa" (CAVALCANTI, 2006, p. 242).

Cabe mencionar que, além das experiências com ensino de português como língua adicional em vários cursos da universidade, têm-se ministrado disciplinas específicas no curso de Letras Espanhol e Português como línguas adicionais (LEPLE) e no curso de Especialização Ensino-Aprendizagem de Línguas Adicionais, nos quais, recorrentemente, há discussões sobre como e para que fazer pesquisa, indagando a necessidade de pensar os conceitos teórico-metodológicos de fazer pesquisa em contextos de minorias linguísticas.

Assume-se, então, uma postura de atuação como professora e pesquisadora Bortoni-Ricardo, (2008), objetivando sempre relacionar as práticas docentes com as reflexões das investigações que se desenvolve, questionando o modo de construção de conhecimento que se propõe dentro e fora de sala de aula, uma vez que "O tipo de conhecimento produzido é altamente contextualizado e não se centra na procura de princípios fundamentais. [...] Orientação para a prática social ou para a ação" (ROJO, 2006, p. 258).

Nesse sentido, compreende-se como relevante a proposição de um estudo por esse viés, que focalize as tensões que atuam diretamente nas relações sociais entre os diferentes grupos étnicos presentes na Unila, devido, entre outras questões, à obrigatoriedade de aprendizagem de língua portuguesa (no caso dos estrangeiros) e de espanhol (para os brasileiros), na base curricular de todos os cursos e ao fato de o bilinguismo ser um dos eixos do projeto da universidade. Porém, ao selecionar as duas línguas de ensino e de aprendizagem obrigatórios em seu planejamento da linguagem, assim como abordar as demais línguas como objeto de ensino opcionais, a universidade reconhece a diversidade e multiplicidade, no entanto, atribui uma valoração às línguas, em uma relação de subordinação às hegemônicas e, principalmente, como está sendo discutido, ao português. Situação que ressoa nos depoimentos dos participantes desse contexto de análise em suas atitudes, como será abordado mais adiante nesse trabalho.

Esse diferencial das demais instituições de ensino superior do país, o Ciclo Comum de Estudos (CCE), exige um olhar também diferenciado e indagador. Como parte integrante da missão da Unila, o CCE é composto por disciplinas que são divididas em três semestres e obrigatórias a todos os discentes matriculados nos cursos de graduação, com os conteúdos: Estudo sobre a América Latina e Caribe (Fundamentos da América Latina); Epistemologia e Metodologia; e Línguas Adicionais (Português e Espanhol). Consta no citado projeto que a implementação das disciplinas do CCE tem como objetivo oportunizar ao graduando uma base formativa interdisciplinar com vistas ao pensamento crítico, ao conhecimento contextual da região latino-americana e ao contato e compreensão do espanhol ou português como línguas adicionais.

Diante desse cenário, o contexto da UNILA exige dos professores de línguas adicionais[3] não apenas apresentar e refletir sobre as generalidades gramaticais das línguas, mas também considerar os complexos fenômenos das atitudes como parâmetros que incidem diretamente na aprendizagem. Portanto, não há como ter um processo fixo de ensino-aprendizagem em que se repitam conteúdos sobre uma língua adicional, mas é necessário haver um contínuo refletir sobre as representações dos falantes de uma língua, na indivisível relação das língua e culturas, lançando questões e debates sobre os estereótipos culturais e valorizando o saber linguístico e cultural que os falantes já trazem consigo para esse ambiente de ensino. No entanto, o que acontece é que a riqueza linguística presente nos sujeitos raramente é prestigiada pela sociedade majoritária, fazendo com que eles não se considerem bilíngues ou mesmo acreditem que falam "mal" uma determinada língua, às vezes sua própria língua materna.

As pesquisas sobre as atitudes linguísticas denotam a preocupação em refletir a respeito das práticas linguísticas que reproduzem ou expressam o comportamento social dos indivíduos quando interagem ensinando ou aprendendo uma ou mais línguas. Mesmo porque as atitudes, por vezes, repetem concepções inseridas no imaginário coletivo dos falantes de uma determinada língua.

Nesse sentido, depreende-se que as atitudes são um complexo fenômeno social e psicológico com as quais torna-se possível interpretar, sentir e ressignificar a nossa realidade, por isso as atitudes são importantes evidências que demonstram as tendências individuais e grupais para usar, aprender ou ensinar línguas.

Compreendem-se as atitudes linguísticas como um conjunto "de sentimentos dos falantes para com suas línguas, para com as variedades das línguas e para com aqueles que as utilizam" (CALVET, 2002, p. 65).

As atitudes são adquiridas no processo de socialização e, portanto, são características de um grupo diante de um indivíduo, sendo assim, representam um componente fundamental na identidade linguística do falante, oferecendo as ferramentas para a leitura e a compreensão do comportamento linguístico de uma pessoa, constituindo uma categoria

---

[3] Com base nos estudos de Schlatter e Garcez, (2009), entende-se língua adicional como essa língua que não é a segunda, já que outras línguas também podem estar presentes, como exemplo as línguas de comunidades indígenas ou de imigrantes, também não seria a língua estrangeira, a do outro. Nesse sentido, a ideia seria a adição de outra língua às línguas que o falante já possui de maneira não conflituosa, nem substitutiva.

particular, uma vez que seu objeto de estudo não são as línguas, mas sim os grupos que falam determinadas línguas.

Um dos fatores que merece atenção diz respeito aos estigmas, que, segundo as colocações de Goffman (1988), podem incidir sobre a língua materna do falante ou sobre a sua situação social de minoria. Essa situação pode ser tão marcante a ponto de provocar, além de silenciamento, conflitos de identidade, uma vez que essas últimas são negociadas em contextos sociais.

Goffman (1988) reflete sobre o termo estigma, numa perspectiva social, usando-o como referência a algum atributo depreciativo a partir da criação de um estereótipo para um determinado tipo de indivíduo, sendo que uma língua é considerada minoritária não pelo número de seus falantes, mas devido ao seu prestígio social.

Moreno Fernández (1998) destaca que, por meio dos estudos sobre atitudes, pode-se conhecer mais profundamente assuntos como, por exemplo, o planejamento linguístico e o ensino de línguas; além disso, as atitudes influenciam decisivamente nos processos de variação e mudança linguísticos. Dessa maneira, os estudos em torno das atitudes linguísticas podem evidenciar a linguagem de prestígio e a linguagem estigmatizada em constantes relações de poder entre diferentes grupos em contato e, assim, em conflito, como será abordado adiante neste trabalho a partir de alguns exemplos recorrentes de posicionamentos de discentes brasileiros e estrangeiros entrevistados ao longo da realização do projeto de pesquisa.

Percepções, avaliações e posturas: atitudes com relação às línguas na UNILA

Como está sendo apresentado, a proposta de pesquisa em desenvolvimento tem buscado evidenciar como estão acontecendo os contatos entre os diferentes falares da universidade e discutir as relações de poder entre os sujeitos, buscando problematizar o relacionamento entre línguas de prestígio e minoritárias na universidade.

Considera-se que o referido direcionamento de estudo das atitudes linguísticas tem sido profícuo, uma vez que tem mostrado indícios das afinidades grupais e pessoais, seja a partir de uma valoração positiva ou negativa de um determinado falar. Como um exemplo dessa situação, pode-se mencionar a crença de muitos discentes (brasileiros e estrangeiros) de que o português regido pela norma culta é que deve construir o (único) objeto de ensino-aprendizagem das aulas de português tanto nas escolas quanto nas universidades no Brasil. Essa valorização dada socialmente a apenas uma variante do português ocasiona um posterior ajustamento das atitudes pessoais em torno da própria fala dos brasileiros que, não raras vezes, em depoimentos, fazem afirmações como "não sei falar bem o português", até no caso de falantes que possuem a língua portuguesa como língua materna.

Ou mesmo com relação a perguntas sobre quais línguas o sujeito fala, havendo respostas recorrentes como "Mal sei falar o português, quem dirá uma outra língua".

É recorrente a denominação dessa variedade de "neutra" ou "internacional" e, ainda, a "mais correta", sendo citada, nesse sentido, como a de preferência de aprendizagem e que deveria ser foco do ensino de língua.

Segundo Bugel (2012), o que é significativo é que, em nenhuma dessas formas de referências que se dá para essa variedade de prestígio, ela é citada como uma língua natural, não sendo também a língua de alguma comunidade, portanto, não possui falantes nativos, tampouco é passada de uma geração para a seguinte.

Nas entrevistas que estão sendo feitas ao longo do projeto ou mesmo em discussões em sala de aula sobre o assunto, esse modelo "ideal" de língua está muito presente e revela que os participantes dificilmente questionam o uso dessa terminologia ou questionam essa preferência. O que é evidenciado nessas posturas, assim como discute Bugel (2012), é um desejo de aprender e usar uma língua que seria estável, homogênea, geral, que garanta a comunicação. Ao mesmo tempo, essa postura mostra o quanto os falantes podem ser inconscientes das desvantagens que uma tal língua estática poderia trazer.

Nesse sentido, em várias situações, nota-se uma percepção muito restrita do que seria o entendimento de língua, tanto nas aulas quanto nas pesquisas desenvolvidas e nas práticas reflexivas em sala de aula de graduação e mesmo de pós-graduação, quando muitos defendem essa ideia de ensino e aprendizagem de uma língua "pura", "geral", "neutra", em suas palavras. Tais situações demonstram exemplos de como a ideologia linguística está centralizada num falar em detrimento de outros. Nesse sentido, percebe-se a falta de discussões sobre o que é língua, o que são as variedades de língua, o que seria considerado o "bom" uso dessa e os muitos preconceitos e estereótipos sobre os considerados "maus usuários" das línguas. Essa própria categorização feita em pares de oposição, muitas vezes, de forma simplista, entre uma variedade "padrão" e "não padrão" ou "culta" e "popular" é que estabelece percepções avaliativas e mesmo excludentes no ensino de línguas.

Além disso, está sendo verificado que grande parte dos entrevistados estrangeiros relaciona o uso da língua portuguesa como uma forma de respeito à (uma) cultura do país em que estão, não citando outras línguas presentes nesse território e, assim, outras culturas. Constata-se a visão que os discentes apresentam de um país monolíngue, sendo a escolha pela oficialização da língua portuguesa um dos símbolos da cultura brasileira, que reflete no conjunto de saberes e práticas no país. Ou seja, o mito de país monolíngue apaga as minorias linguísticas presentes no país, tornando-as invisíveis, instaurando o prestígio sobre uma norma de falar o português brasileiro.

Esse mito da língua única, conforme Cesar e Cavalcanti (2007), é ato naturalizado na sociedade brasileira que se tornou uma verdade inquestionável, escondendo a complexidade sociolinguística e cultural do país. Nesse sentido, a apropriação dessa ideia não seria para emancipação do sujeito, mas, ao contrário, para colocá-lo numa situação sempre de subalterno, de desconhecedor da própria língua.

Sobre essa questão, Bourdieu (1998), ao abordar o conceito de "língua legítima", reforça essa noção que uma língua, determinada pelo estado, é aquela que expressa poder e deve ser reconhecida (e não exatamente conhecida) como tal. Daí decorrem as várias situações de preconceitos linguísticos que se sustentam no reconhecimento dessa língua e na reprodução de estereótipos de cultura ou incultura pela falta do suposto domínio dessa maneira de usar a língua. Uma imagem ainda muito forte, fundamentada em uma crença que é reproduzida constantemente nos discursos acadêmicos e não acadêmicos.

Retomam-se as ações de política linguística no Brasil, que construíram ao longo do tempo o mito de um país monolíngue, com vistas à homogeneização da língua e à ideia de que para ser brasileiro é preciso falar português. Essa situação reflete-se na educação e nas demais esferas da sociedade, sendo que os fenômenos de gestão de línguas podem ser verificados nessas esferas e com sujeitos que delas participam, os quais exercem diferentes formas e níveis de poder, o que influencia também os espaços que as línguas ocupam.

As atitudes são parte dos fatores que influenciam e orientam posturas políticas, na gestão das línguas, como um fenômeno social que envolve diferentes agentes (SPOLSKY, 2009). Um exemplo é a presença das línguas no currículo e os documentos norteadores para o ensino delas. Já os gestores locais, como podem ser citados os docentes, possuem um papel importante nessa gestão, tendo uma função política primordial.

Nesse sentido, Bugel e Santos (2010) declaram que os docentes poderiam ter a possibilidade de desenvolver de modo consciente seu papel como agentes das políticas linguísticas diretamente na sala de aula, mesmo que eles possam parecer invisíveis para as macropolíticas. Sendo assim, o conhecimento sobre as atitudes e opiniões sobre as línguas a serem ensinadas, bem como suas variedades, é primordial para que os professores possam ter um diagnóstico para uma planificação eficiente no desenvolvimento de políticas linguísticas. Como docentes, é relevante conhecer e aproveitar o que houver de positivo nas atitudes e opiniões dos discentes, ao mesmo tempo, para questionar e desmistificar o que houver de negativo.

Outra situação que é recorrentemente sinalizada pelos discentes estrangeiros, em muitas situações, é eles estarem em um espaço que "não é deles", pois não é a cultura de seu país ou a sua língua que predominam. Nota-se, nesse sentido, a língua como expressão de identidade desses grupos, da noção de línguas como um estabelecedor de fronteiras, nesse âmbito, num sentido de separação, na ideia de línguas como símbolos nacionais.

Concorda-se com César e Cavalcanti (2007) sobre a concepção de língua não ser algo simples, e com o fato de que essa concepção de língua como nacional hegemônica carrega consigo um contorno basicamente político, em que é sedimentado o nacionalismo. Conforme as referidas autoras, "Essa identidade apóia-se na língua escrita e manifesta o caráter totalizante de língua única, do contexto monolingüe, asociando a história da língua à história literária do povo que a fala" (CÉSAR; CAVALCANTI, 2007, p. 49).

Fica evidenciado o desconhecimento sobre a diversidade de línguas no Brasil, que é bilíngue (português/Língua Brasileira de Sinais - LIBRAS), desde 2005, e, conforme reforça o censo demográfico realizado pelo Instituto Brasileiro de Geografia e Estatística (IBGE, 2010), possui 274 línguas indígenas, inclusive línguas indígenas de sinais, e, aproximadamente, 56 línguas faladas por descendentes de imigrantes. No entanto, como é recorrentemente percebido, essa realidade é pouco conhecida pelos próprios brasileiros, uma vez que existe uma história toda orientada para o monolinguíssimo, o qual oficializou e aparelhou apenas a língua portuguesa como língua oficial, e, portanto, de ensino (BRASIL, 2010).

Já as relações de poder entre alguns falares e grupos presentes no ambiente universitário evidenciam atitudes de valorização da aprendizagem da língua adicional (língua portuguesa) pelos estrangeiros, o que se deve, principalmente, ao contexto de imersão desses discentes, e a relação que esses fazem entre a língua oficial do Brasil e a obrigação que sentem de aprendê-la e falá-la nesse contexto, sendo considerada pela maioria como uma língua "útil", "necessária", "importante" e, nesse momento de suas vidas, "obrigatória".

De outra maneira, revelou-se o desprestígio com relação a falares do português com interferências de outras línguas, como espanhol e guarani, muito presentes na fronteira e no espaço universitário, uma vez que o guarani, no Paraguai, é, juntamente com o espanhol, a língua oficial do país vizinho, porém, na fronteira, é um falar desprestigiado. Há, então, um cenário peculiar no qual se tem o português e o espanhol, duas línguas majoritárias, mas uma delas é tomada por minoritária: o espanhol do lado brasileiro, uma vez que a região é marcada por conflitos históricos presentes na memória de ambos os locais, além de apresentar desigualdades econômicas e sociais que, a partir de diferentes relações de poder, são reforçadas nas relações dos falantes com as línguas que estão em contato.

Como a atitude é uma postura de um indivíduo frente a algo, apresentando uma reação valorativa favorável ou desfavorável, Grosjean (1983) menciona que as atitudes com relação aos indivíduos geralmente são transferidas para a(s) língua(s) de que são usuários. Nesse sentido, geralmente, a língua do grupo dominante é considerada mais importante, podendo vir a substituir o uso da língua minoritária, o que seria uma consequência negativa desse contato.

Assim, mesmo tendo o espanhol um maior número de falantes no cenário mundial, o contexto local favorece o maior prestígio do português devido às relações econômicas que se constroem mundialmente e na região fronteiriça na atual conjuntura. Esse cenário tem respaldo na universidade focalizada e faz com que haja uma maior valorização do país sede e da sua língua oficial, o português, pelas leis, pelos recursos financeiros e pelo grupo de prestígio que dela participa.

Desse modo, embora haja, como já citado, entre os objetivos da instituição de ensino superior, a intenção de promoção do bilinguismo com o ensino e a aprendizagem de português e de espanhol, é verificado um espaço maior ao uso da língua portuguesa nas práticas sociais que permeiam esse contexto, caracterizando-se como língua majoritária, de prestígio. Ao mesmo tempo, há um predomínio de usos da língua portuguesa pela grande presença de discentes, docentes e técnicos brasileiros e pelas atitudes desses de não uso do espanhol, impulsionando, assim, mais a aprendizagem do português como língua adicional do que do espanhol.

Outra situação que chama a atenção é com relação ao falante considerar-se, ou não, bilíngue. Assim, embora esse tenha conhecimento e use mais de uma língua em seu cotidiano, muitos discentes afirmam não serem bilíngues, pois não são "fluentes" ou porque não dominam "totalmente" as línguas. Essa visão de bilinguismo é retomada nos estudos de Maher (2007) por meio das acepções de Bloomfield (1933) e de Halliday, que são bem rígidos ao definirem o sujeito bilíngue, que deveria apresentar conhecimentos linguísticos como um nativo ou de forma idêntica nas duas línguas, sem interferências de uma na outra, em práticas que seriam totalmente controladas. Por outro lado, concorda-se com Maher (2007), para quem

> [...] existem vários tipos de sujeitos bilíngues no mundo, porque o bilinguismo é um fenômeno multidimensional. Somente uma definição suficientemente ampla poderá abarcar todos os tipos existentes. E, talvez essa fosse suficiente: o bilinguismo, uma condição humana muito comum, refere-se à capacidade de fazer uso de mais de uma língua (MAHER, 2007, p. 71).

Também Mackey (1968) alarga a concepção ao considerar o "bilingüismo como uma característica individual que pode ocorrer em graus variáveis, desde uma competência mínima até um domínio completo de mais de uma língua" Mackey, (1968, p. 555), ou seja, cada falante variará seu grau de domínio sobre as línguas com que tem contato, podendo ser esse maior ou menor, de acordo com seu conhecimento, ao longo de sua vida e de suas experiências. No entanto, permanece ainda muito presente nas entrevistas realizadas a ideia do bilíngue "ideal", que fala "perfeitamente" as duas línguas. Uma visão que se relaciona estritamente com uma concepção muito restrita de língua.

Nesse caso, mesmo que esses falantes tenham conhecimentos linguísticos em mais de uma língua, esse fato é tido como um problema e não como uma qualidade, pois consideram que pode haver a mistura de línguas, caso do portunhol, por exemplo, que deve ser evitado, segundo as considerações de muitos entrevistados.

Evidencia-se que a língua do grupo dominante, a língua de prestígio, é considerada, pela sociedade em geral, mais bonita, mais expressiva, mais lógica e mais capaz de exprimir pensamentos abstratos, enquanto a língua minoritária tende a ser considerada agramatical, empobrecida, inculta, tornando-se objeto de ataque. O próprio fato de a língua ser chamada dialeto a coloca em uma posição menor de valor, ao contrapô-la à língua oficial.

Maher (2007) destaca essas problematizações em torno dos falantes de línguas minoritárias, citando a ligação desigual de forças de poder entre aquelas e as línguas de prestígio. Tal situação, conforme a autora, é evidenciada no momento em que se considera a forma como o conceito de bilinguismo é tido, tanto no contexto escolar, quanto fora dele nos demais espaços que dialogam com essa realidade.

Essas constatações estão sendo importantes para que se possa pensar em todo o desenvolvimento do ensino e da aprendizagem de línguas, revendo como a política e planificação linguística[4], junto com as opiniões e atitudes perante as línguas envolvidas nesse contexto de ensino.

Urge considerar além das questões econômicas e políticas do processo de integração regional, questões ideológicas, culturais e identitárias relacionadas tanto com o presente quanto com a história da região. Até porque, as variedades de uma língua estão relacionadas à história de vida das pessoas e do lugar onde são faladas, constituindo, como já explanado, a identidade dos falantes, ou seja, a língua é marca de identidade, condição de pensamento, bem como fundamental também para o relacionamento e intervenção no mundo (BRITTO, 2007).

As questões que ora estão sendo levantadas na interface da sociolinguística e LA tem mostrado como fatores ideológicos, extralinguísticos, influenciam a escolha, muitas vezes, a imposição, de umas línguas e variedades antes de outras na educação. Essas observações são pertinentes e necessárias, esbarrando em questões sobre políticas linguísticas, direitos linguísticos e, por extensão, a educação, pois o bilinguismo e a educação bilíngue (Maher, 2007), que na maior parte dos casos, fazem parte de um processo unilateral, em que a língua era/é meramente um objeto de

---

[4] Em consonância com os estudos de Calvet (2007), o termo "política linguística" é tomado neste estudo como a determinação das grandes decisões em torno das relações entre a sociedade e as línguas e "planejamento linguístico" são os meios e recursos para a implementação dessas determinações.

estudo comunicativo. Portanto, o enfoque que se dá a cada uma das línguas envolvidas no processo depende, em grande medida, das políticas linguísticas subjacentes aos propósitos da educação bilíngue, como se pretende ser, como já mencionado, o projeto da UNILA, bem como nos seus participantes, como professores e alunos.

Como se vê, há uma insistência discursiva no tema da solução de problemas contextualizados, socialmente relevantes, ligados ao uso da linguagem e ao discurso, e na elaboração de resultados pertinentes e relevantes, de conhecimento útil a participantes sociais em um contexto de aplicação escolar ou não) (ROJO, 2006, p. 258).

Observa-se, nesse sentido, o papel essencial desses estudos aplicados para melhorar a qualidade de vida desses participantes do contexto focalizado na pesquisa, nas considerações dessas vozes e o que elas manifestam e denunciam sobre os conflitos linguísticos que permeiam o espaço do qual fazem parte, demandando sensibilidade de quem adentra a esse contexto para pesquisar e atuar no ensino.

Considerações finais: um olhar para o futuro

A partir das considerações feitas ao longo deste trabalho, foram levantadas algumas reflexões resultantes da prática docente e da realização de um projeto de pesquisa que está sendo desenvolvido na Unila, inserido no campo da LA, que aborda as atitudes linguísticas como um componente fundamental da identidade linguística do falante, possibilitando a leitura e a compreensão do comportamento linguístico dos participantes, como foi evidenciado, neste trabalho, por meio da apresentação de algumas atitudes de discentes brasileiros e estrangeiros.

Espera-se que ao longo da realização desta proposta de investigação, que ainda está em desenvolvimento, seja possível contribuir com a promoção e difusão de estudos em torno do bilinguismo (plurilinguismo), sempre em uma perspectiva interculturalmente sensível e pelo viés da Linguística Aplicada, com a reflexão em torno de atitudes de falantes em cenários sociolinguisticamente complexos da Região Oeste do Paraná, mais especificamente, em Foz do Iguaçu. Um espaço fronteiriço que exacerba ainda mais os intercâmbios linguísticos, bem como a necessidade de se pensar o ensino de línguas abarcando o contexto maior do que aspectos puramente linguísticos, uma vez que esse espaço evoca o surgimento de conflito entre os falares, situação que favorece juízos de valor depreciativos sobre uma ou outra língua, o que nem sempre está explícito ou é consciente, uma vez que o ensino de línguas é afetado pelo conceito que dela se tem.

Essa universidade, na qual se manifesta um intenso contato de línguas e culturas, apresenta-se como um grande desafio para todos aqueles que participam da proposição de políticas educacionais, na implementação dessas políticas através dos procedimentos didático-pedagógicos nesses espaços.

Nesse sentido, a partir das reflexões neste trabalho levantadas, considera-se necessário contemplar questões de educação multilíngue, com respeito às diferenças, o que é possível fazer por meio da formação docente, para que como gestores possamos lidar com as situações diglóssicas na adoção de políticas linguísticas num projeto de educação culturalmente sensível às necessidades do contexto aqui abordado.

Referências

BLOM, Jan-Petter e GUMPERZ, John J. O significado social na estrutura lingüística: alternância de códigos na Noruega. In: RIBEIRO, Branca T. e GARCEZ, Pedro M. (Orgs.). *Sociolingüística interacional*. São Paulo: Edições Loyola, 2. ed. 2002.

BLANCO CANALES, Ana. *Estúdio sociolingüístico de Alcalá de Henares*. Alcalá de Henares: Servicio de Publicaciones de La Universidad de Alcalá, 2004.

BORTONI-RICARDO, Stella Maris. *O professor pesquisador* – Introdução à pesquisa qualitativa. São Paulo: Editora Parábola, 2008.

BOURDIEU, Pierre. *A economia das trocas linguísticas*. 2. ed. São Paulo: Edusp, 1998.

BRASIL. Instituto Brasileiro de Geografia e Estatística – Censo demográfico. IBGE, 2010

BRITTO, Luiz Percival Leme. Escola, ensino de língua, letramento e conhecimento. *Calidoscópio*. V. 5, n. 1, 2007, p. 24-30.

BUGEL, Talia; SANTOS, Hélade. Attitudes and representations of Spanish and the spread of the language industries in Brazil. *Language Policy*, v. 9, n. 2, 2010, p. 143-170. Disponível em: <https://dialnet.unirioja.es/servlet/articulo?codigo=6337554>. Acesso em jan. de 2019.

BUGEL, Talia; SANTOS, Hélade. O ensino das línguas do Mercosul. Aproximando-nos da maioridade (1991-2012). *Latin American Research Review*, v. 47, 2012, p. 70-94.

CALVET, Louis-Jean. *Sociolinguística*: uma introdução crítica. Trad. Marcos Marcionilo. São Paulo: Parábola, 2002.

CALVET, Louis-Jean. *As políticas linguísticas*. São Paulo: Parábola, 2007.

CAVALCANTI, Marilda C. Estudos sobre Educação Bilíngüe e Escolarização em Contextos de Minorias Lingüísticas no Brasil. In: *DELTA*: Revista de Documentação de Estudos em Lingüística Teórica e Aplicada, v. 5. n. Especial, 1999. Disponível em: http://www.scielo.br/scielo.php?pid=S0102-44501999000300015&script=sci_arttext. Acesso em: jul. de 2012.

CAVALCANTI, Marilda C. Um olhar metateórico e metametodológico em pesquisa em linguística aplicada: implicações éticas e políticas. In:

MOITA LOPES, Luiz Paulo da (Org.). *Por uma linguística aplicada INdisciplinar*. São Paulo: Parábola Editorial, 2006, p. 233-251.

CESAR, America L.; CAVALCANTI, Marilda C. Do singular para o multifacetado. O conceito de língua como caledoscópio. In: BORTONIRICARDO, Stella Maris (Orgs.). *Transculturalidade, linguagem e educação*. Campinas, SP: Mercado das Letras, 2007, p. 45-69.

CORBARI, Clarice. *Atitudes linguísticas em uma localidade paranaense de colonização multiétnica*. In: XVII Congreso Internacional Asociación de Linguística y Filología de América (ALFAL) Latina. Paraíba-Brasil p. 1779-1790, 2014.

ERICKSON, Frederick. Métodos cualitativos de investigación sobre la ensenanza. In: WITTROCK, Merlin C. (Org.). *La investigación de la ensenanza* II. Métodos cualitativos y de observación. Barcelona: Ed. Paidós, 1986. p. 195-301.

GOFFMAN, Erving. *Estigma* - notas sobre a manipulação da identidade deteriorada. Trad. de M. B. M. L. Nunes. 4. ed. Rio de Janeiro/RJ: Guanabara, 1988.

GROSJEAN, F. *Life with Two Languages* - an introduction to bilíngualism. Cambridge: Harvard University Press, 1983.

MACKEY, William F. The description of bilingualism. In: FISHMAN, Joshua A. (ed) *Readings in the sociology of language*. Haia: Mouton, 1968, p. 555-584.

MAHER, Terezinha Machado. Do casulo ao Movimento: a suspensão das certezas na educação bilíngue e intercultural. In: CAVALCANTI, Marilda C.; BORTONIRICARDO, Stella Maris (Orgs.). *Transculturalidade, linguagem e educação*. Campinas, SP: Mercado das Letras, 2007. p. 67-94.

MOITA LOPES, Luiz Paulo da. Uma linguística aplicada mestiça e ideological: interrogando o campo como linguísta aplicado. In: MOITA LOPES, Luiz Paulo da (Org.). *Por uma linguística aplicada INdisciplinar*. São Paulo: Parábola Editorial, 2006, p. 13-42.

MORENO FERNÁNDEZ, Francisco. *Princípios de sociolingüística y sociología del linguaje*. Barcelona: Ariel, 1998.

RIBEIRO BERGER, Isis. Atitudes de professores brasileiros diante da presença do espanhol e do guarani em escolas na fronteira Brasil-Paraguai: elemento a gestão de línguas. In: *Signo e Seña*. **Revista del Instituto de Lingüística**. n. 28, 2015, p. 169-185. Disponível em: http://revistas.filo.uba.ar/index.php/sys/issue/view/17. Acesso em: jan. de 2019.

ROJO, Roxane H. R. Fazer linguística aplicada em perspectiva sócio-histórica: privação sofrida e leveza de pensamento. In: MOITA LOPES, Luiz Paulo da (Org.). *Por uma linguística aplicada INdisciplinar*. São Paulo: Parábola Editorial, 2006, p 253-274.

SCHLATTER, Margarete.; GARCEZ, Pedro. *Educação linguística e aprendizagem de uma língua adicional na escola.* In: Referencial curricular: Lições do Rio Grande. V. 1. Linguagens, códigos e suas tecnologias: Língua Portuguesa e Literatura; Língua Estrangeira Moderna. Porto Alegre: Secretaria Estadual de Educação do RS, 2009.

SPOLSKY, Bernard. *Language management.* NY: Cambridge University Press. Thomaz, Karina Mendes, 2005. "A língua portuguesa no Brasil: Uma política de homogeneização linguística". Dissertação de Mestrado. Pontifícia Universidade Católica do Rio de Janeiro, 2009.

UNIVERSIDADE FEDERAL DA INTEGRAÇÃO LATINO-AMERICANA (UNILA). *Projeto Pedagógico do Ciclo Comum,* 2013.

2

LA PARÁFRASIS DE TEXTOS LITERARIOS Y DESARROLLO DE LA COMPETENCIA COMUNICATIVA EN PLE EN LA FORMACIÓN DE TRADUCTORES E INTÉRPRETES PROFESIONAL

ADRIANA DOMENICO CESTARI

Introducción

Al pensar en la formación lingüística de la lengua extranjera de futuro traductor e intérprete, lo primero que viene en nuestro pensamiento es hablar y escribir sin la interferencia de la lengua materna como también tener la comprensión específica y global tanto de un discurso oral como de un discurso escrito. Otro aspecto importante a ser considerado es la habilidad del parafraseo en esta lengua, visto que para el traductor tiene que hacer elecciones lingüísticas para expresar y adecuar de manera natural el texto traducido y para el intérprete de acuerdo con la *International Association of Conference* es la habilidad que este profesional debe dominar para ser considerado competente en la lengua extranjera. Por eso, que al pensar en esta formación lingüística se ha propuesto una actividad en la cual los estudiantes, de portugués como lengua extranjera de la carrera Traducción e Interpretación profesional, pudiesen parafrasear capítulos del clásico de la literatura brasileña, *Dom Casmurro* de Machado de Assis, en un texto de chisme. Siendo así, esos aprendices han tenido la oportunidad de aplicar sus conocimientos lingüísticos, sociolingüísticos y discursivos en una situación comunicativa actual con un lenguaje común que ha abarcado una carga de expresiones propia de la lengua y de esa manera logrando el nivel avanzado C1 de acuerdo con el marco común europeo de referencia de idioma.

Literatura como recurso para la paráfrasis en la enseñanza de PLE

La literatura es una forma de arte que encanta y enamora a sus lectores. Un estudiante que se dispone a estudiar la carrera de traducción e interpretación profesional tiene la conciencia de que en el momento en que hace la elección de su lengua de trabajo además de aprender el léxico y la gramática, entrará en contacto con los elementos culturales que involucran el universo desconocido, como las costumbres, la música, la historia, la alimentación, también, la literatura de la lengua meta.

Para Almeida Filho (2009), la cultura gobierna la gran parte de las actitudes, de los comportamientos, de las representaciones y de las costumbres de los hablantes de una lengua que mayormente orienta las acciones y las perspectivas de esos hablantes sin que ellos estén conscientes de eso. Penny Ur (2012) también afirma que la literatura es un instrumento significativo en el proceso de enseñanza/aprendizaje de una lengua extranjera, pues hace parte de la cultura meta. La lectura de textos literarios involucra tanto las emociones como el intelecto de los lectores, y, además trae ejemplos de diferentes estilos de escritura y representaciones de varios usos auténticos de lenguaje, por lo tanto, es un buen recurso para expansión de vocabulario.

De acuerdo con Souchon y Albert (2000), la literatura es una forma de comunicación y constituye en un recurso de reflexión acerca la propia comunicación humana, por lo tanto, hace parte del proceso intercultural de enseñanza-aprendizaje de lengua extranjera, visto que el texto literario es escrito para el lector de lengua materna trayendo un bagaje de recursos lingüísticos propios del idioma estudiado, que en este caso es el portugués de Brasil. En esto coinciden Montesa & Garrido al afirmar que: "La literatura les amplía la posibilidad de experiencias, proporcionándoles un medio alternativo al contacto directo con la lengua que tienen los nativos o los extranjeros en un medio de inmersión" (MONTESA; GARRIDO, 1990, p. 453).

En resumen, la literatura enriquece el pensamiento crítico y creativo del lector y contribuye a la ampliación de su conocimiento del mundo como también los textos literarios son una muestra de la lengua extranjera viva, un reflejo de esa cultura, de la manera de sentir de esa comunidad tratando de temas acerca de los sentimientos de ser humano como: amor, muerte, celos, amistad, que son comunes en todas las culturas, haciendo que el texto escrito para el nativo de esa lengua extranjera se acerque a la realidad del estudiante. Por lo tanto, el uso de la literatura en la clase de lengua ofrece: conocimientos lingüísticos; habilidades de comprensión e interpretación; hábitos de lectura; y obtener información acerca de algún tema o situación determinada que en caso de este estudio fue la temática del amor, celos y tracción narrados en la obra de Machado de Assis, *Dom Casmurro*.

Desde su publicación hasta la actualidad el libro motiva a debates acerca del tema de celos y traición, pues hasta la actualidad despierta en su lector la gran interrogante, ¿será que hubo o no traición de la esposa con el mejor amigo? De acuerdo con Gualda (2009), la narrativa machadiana juega con los valores culturares y sociales porque sus personajes cuestionan los roles que le son impuestos por la sociedad brasileña del siglo XIX, pues existían dos mundos paralelos norteados por reglas y códigos distintos uno para los hombres y otro para las mujeres.

También cabe señalar que el en marco de la línea de tiempo de la historia de la literatura brasileña *Dom Casmurro* se ubica en el periodo del realismo en la mitad del siglo XIX que es caracterizado por temáticas de adulterio, celos, ambición, interés donde los personajes enseñan el lado negativo del alma humana, pues el lector descubre de manera ambigua los personajes permitiendo diferentes opiniones sobre el mismo en el transcurrir de la lectura, eso ocurre debido a los recursos estilísticos utilizados como metáforas, hipérboles y parodia. Por todo lo mencionando anteriormente, se justifica el uso del texto literario como un recurso lingüístico positivo para ser adquisición de la lengua extranjera y aplicación de la actividad de la paráfrasis en el proceso de desarrollo de la competencia comunicativa.

Por qué parafrasear en la lengua extranjera

De acuerdo con el Diccionario Real Academia de Lengua Española - DRAE el verbo parafrasear significa: hacer la paráfrasis de un texto. Mientras tanto, el vocablo paráfrasis proviene del latín *paraphrăsis*, y este del griego παράφρασις *paráphrasis* que se puede entender como la explicación o interpretación amplificativa de un texto para ilustrarlo o hacerlo más claro o inteligible; la traducción en verso en la cual se imita el original, sin verterlo con escrupulosa exactitud; y frase que, imitando en su estructura otra conocida, se formula con palabras diferentes. De modo general, se pude afirmar que la paráfrasis es la interpretación, explicación o traducción intralingüística de un determinado texto a través de palabras diferentes a las que fueron utilizadas en el texto.

Crystal, (1980 *apud* Barbosa, 2005), conceptúa la paráfrasis como el resultado o proceso de producciones de versiones alternativas de un enunciado o texto sin alterar el sentido, pues ciertas palabras pueden tener varios sentidos de acuerdo con el contexto. Para Larson (1975, *apud* Barbosa (2005), esas palabras pueden motivar el uso estratégico de la paráfrasis clasificando sus significados como primario, secundario y figurativo. Sin embargo, teniendo en cuenta los presupuestos mencionados, se hace el siguiente cuestionamiento ¿cuál la importancia de la paráfrasis en la formación de un traductor e intérprete profesional en su lengua extranjera?

Frente a tal cuestionamiento se puede afirmar que los ejercicios de paráfrasis que se desarrollan en la clase de lengua extranjera engloban actividades epilíngüisticas y metalingüísticas que además de enriquecer el vocabulario del estudiante, pues cuando el estudiante reproduce tanto de manera oral o escrita, un texto oral o escrito en lengua extranjera, favorece el desarrollo de las cuatro macro-habilidades en esta lengua, siendo así facilita la integración, la percepción y el dominio del proceso del parafraseo de una narración o de una descripción.

Por eso, al pensar en la formación de estudiantes que serán futuros traductores e intérpretes, el dominio del parafraseo es importante porque es considerado una de las principales estrategias que tanto un traductor como un intérprete deben poseer. La *International Association of Conference* justifica que un intérprete profesional debe dominar la habilidad de parafrasear para alcanzar los niveles de competencia requeridos en lengua B y de esa manera ser considerado un usuario competente de la lengua extranjera y con relación al proceso de traducción en lo cual consiste en el cambio de un idioma al otro de estructuras sintácticas y semánticas, cuyo el objetivo es transmitir el sentido real del texto para la lengua meta. Larson (1989 *apud* Barbosa 2005) menciona también que: "O tradutor tem que escolher as formas mais naturais para expressar as proposições na língua receptora, e não as traduzir literalmente".

Considerando todo lo mencionado hasta el momento acerca del uso de la literatura en las clases de lengua extranjera y la aplicación de actividades de paráfrasis se afirma que el parafraseo de textos de la literatura brasileña como actividad en el desarrollo lingüístico de la lengua extranjera del futuro traductor e intérprete con un perfil de usuario B1 fomenta las habilidades lingüísticas en la lengua estudiada y consecuentemente la competencia comunicativa para que logren el nivel C1 de acuerdo con el marco común europeo.

Competencia comunicativa

Cuando se habla de competencia comunicativa en el entorno de enseñanza y aprendizaje de lengua extranjera se sobreentiende que la competencia comunicativa es la capacidad que tiene el aprendiz para comunicarse, es decir, saber interpretar y usar el lenguaje oral y escrito conociendo las reglas sociales y culturales del lugar donde se habla la lengua. Hymes (1970) propuso el concepto de la competencia comunicativa siendo un conjunto de habilidades y conocimientos que permiten que los hablantes de una comunidad lingüística o los aprendices de una lengua extranjera puedan entenderse, en otras palabras, es la capacidad de interpretar y usar de manera adecuada el significado social de las variedades lingüísticas, bajo cualquier circunstancia, en relación con las funciones y variedades de la lengua y con las suposiciones culturales en la situación de comunicación.

También Vargas (2001) afirma que la competencia comunicativa es producto de la construcción de aprendizajes significativos y útiles para el desempeño, en situaciones reales de trabajo, que se logran mediante a actividades de situaciones concretas dentro de un contexto comunicativo, en caso de este estudio implica en el parafraseo del texto literario, pues permite al aprendiz aplicar sus conocimientos lingüísticos frente a un contexto real comunicativo del uso de la lengua extranjera.

Como bien se sabe, bajo los presupuestos del Marco Común Europeo de Idiomas la competencia comunicativa es lo que posibilita a un individuo actuar utilizando específicamente recursos lingüísticos y para que el mismo pueda realizar sus intenciones comunicativas deben dominar otras competencias que este caso son: la competencia lingüística, la competencia pragmática y la competencia sociolingüística, la cual se detallará a continuación.

El contexto y la comunicación en la lengua extranjera

Como bien se sabe la competencia comunicativa es compuesta por la competencia sociolingüista la cual se refiere a la capacidad del individuo de producir y entender de manera adecuada expresiones lingüísticas utilizadas en diferentes contextos en un evento comunicativo respetando las normas que regulan una determinada lengua. El dominio de esa competencia vuelve una herramienta indispensable para el futuro traductor e intérprete profesional y también es fundamental para el éxito de su trabajo porque condicionan el comportamiento comunicativo de la lengua extranjera.

Mediante las teorías acerca de la competencia sociolingüística, Hymes (1971) menciona que las reglas de interacción social y la competencia cultural[1] abarcan reglas de comportamientos de los individuos de una determinada cultural en la cual se plasma sus valores y creencias. Para Van Dijk (1980), bajo esa perspectiva, las actitudes y valores son resultados de la interacción de los individuos de una comunidad que permean sus hechos comunicativos. Según Canale (1980), la competencia sociolingüística se entiende como las expresiones que son producidas y comprendidas de manera adecuada en diferentes contextos sociolingüísticos de acuerdo con los objetivos y normas de interacción social de que los individuos interactúen. Además, de acuerdo con los estudios acerca de la Adquisición de segundas lenguas y Sociolingüística de Moreno&Fernandez (2007) menciona que:

La competencia sociolingüística se entiende como el conjunto de conocimientos y destrezas necesarias para alcanzar un uso de la lengua apropiado a un contexto social y a un entorno cultural determinado; se trata, pues, de la habilidad de usar una lengua de acuerdo con unas exigencias contextuales (MORENO; FERNANDEZ, 2007, p.62).

Mientras tanto Bachman (2003), la define como la sensibilidad para las

[1] La competencia cultural se refiere al saber acerca de las representaciones hechas sobre el mundo, es decir, el referente de la comunicación, según Niño apud Correa (2008).

convenciones de uso de la lengua siendo determinadas por aspectos de los contextos específicos de uso que desempeñan funciones del lenguaje de modo apropiado de acuerdo con el contexto.

Finalmente, el Marco Común de Referencia para Lenguas define competencia sociolingüística como el entendimiento del conocimiento y las destrezas que son necesarias para abordar la dimensión social del uso de la lengua, ya que la lengua es un fenómeno sociocultural. Es decir, usar de manera adecuada y en la situación adecuada los marcadores lingüísticos adecuados, las normas de cortesía, las expresiones de sabiduría popular, diferencia de registro y dialecto, para el nivel C1.

El chisme como género comunicativo

En la actualidad, los programas de TV, los periódicos, los grupos en redes sociales, y las páginas web que se dedican a contar lo que pasa en la vida de la farándula, de la vida amorosa de los jugadores de fútbol y otras personalidades mediáticas, pero el chisme hace parte de la vida cotidiana. Jaeger (1994 *apud* Bernal, 2013) afirma que la práctica de chismear es un hecho universal se encuentran relatos desde los tiempos más remotos donde se puede encontrar informaciones acerca de este hecho comunicativo. Según Wittgenstein (1995, *apud* GUEDES BARBOSA, Araken; GOMES DE MATOS, 2005, p. 348):

O mexerico aparece como um jogo de linguagem potencialmente poderoso e eficiente, que fortalece os laços sociais entre interlocutores copresentes, contribuindo, simultaneamente, com a aquisição da epistemologia prática de uma comunidade.

De acuerdo, el Diccionario Real Academia de Lengua Española - DRAE el vocablo chisme del lat. schisma, y este del gr. σχίσμα schísma 'escisión, separación', 1. m. coloq. Noticia verdadera o falsa, o comentario con que generalmente se pretende indisponer a unas personas con otras o se murmura de alguna. Para Castilla (2002), el chisme es una manera de comunicación informal que prolifera un mensaje de determinado hecho, que se presume verdadero en determinado grupo social.

En su estudio Bernal (2013) destaca que el chisme tiene una función de socialización, pues bajo su perspectiva los chismes ocurren como un comentario entre personas donde hay cierto grado de confianza. También, Goffman (1989, apud Bernal, 2013) menciona que chismear es una actividad de lenguaje social en la cual los individuos que participan de este hecho comunicativo demostran tener confianza entre sus interlocutores y utilizan expresiones lingüísticas propias que marcan este discurso.

Además, Schutz e Luckmann (1989, apud Bernal) consideran el chisme como un género discursivo, pues trata de temas secundarios de la vida cotidiana que transportan fuertes connotaciones a través de una actividad comunicativa, oral o escrita. En caso de este estudio se optó por la actividad comunicativa escrita a través de un texto hasta 200 palabras para blog de chisme, pues reafirmando los textos escritos son unidades comunicativas constituidas por unidades lingüísticas que se conectan entre sí. Kress (2003 apud Marcuschi, 2011, p.28) señala que:

> Os textos são resultados de ações sociais com a linguagem e representam um aspecto relevante que contribui para situar o enquadre dos gêneros textuais, pois eles são artefatos linguísticos, mas de natureza cultural e social, que envolve outros fenômenos.

Por consiguiente, al ser considerado el texto para el blog de chisme un género discursivo que presenta características que Castilla (2002) las relaciona como la exageración; ultrageneralización; y estigmatización. La exageración se refiere al uso de la hipérbole con el objetivo de engrandecer los acontecimientos. La ultrageneralización en el contexto del chisme consiste en hacer creíble el chisme por medio de una idea general compartida; y la estigmatización: se refiere a las categorizaciones sencillas que describen a individuos, grupos y situaciones a partir de prenociones simbólicas que se manifiestan colectivamente a través de las representaciones que hace los individuos nombrando a alguien por medios de adjetivos de manera segregadora.

Sin embargo, al observar los chismes vinculados en los blogs de las redes sociales ha llamado la atención otras características lingüísticas como el uso de titulares con frases afirmativas, exclamativas o interrogativas que despierta curiosidad en el lector; el cuerpo del texto siempre presenta una tercera persona como informante que relata el hecho al emisor del mensaje; la adjetivación también de manera segregadora e irónica a través del uso de diminutivo y aumentativo; uso de vocativo para marcar proximidad y confianza entre el emisor y receptor; uso de connotación; verbos que expresan bajo grado de afirmación con relación al hecho relatado; la utilización de exclamaciones, interrogaciones o puntos suspensivos en el cuerpo de texto; y el cierre del mensaje con frases interrogativas, exclamativas o declarativas que expresan duda, ironía, desprecio e incertidumbre.

Metodología
Hipótesis
Existe relación positiva entre la aplicación del parafraseo de los textos de la literatura brasileña y el desarrollo de la competencia sociolingüística de los estudiantes portugués, como lengua extranjera de la carrera traducción e interpretación profesional para el logro el nivel avanzado C1 de acuerdo con el marco común europeo de idiomas.

Diseño Metodológico
Se trata un diseño de investigación casi experimental, descriptiva y

cuantitativa, puesto que el objetivo de esta es evaluar la influencia del parafraseo de los textos de la literatura brasileña en la producción del género textual chisme, de los estudiantes de portugués como lengua extranjera de la carrera Traducción e Interpretación profesional para el logro el nivel avanzado C1 de acuerdo con el marco común europeo de idiomas.

El universo de la presente investigación son estudiantes matriculados en la carrera de traducción e interpretación profesional de la Universidad Peruana de Ciencias Aplicadas - UPC ubicada em Lima – Perú, matriculados en el nivel 5 del idioma portugués que tiene como perfil de entrada de curso en nivel intermedio B1 de acuerdo con el marco común europeo de referencias de lenguas, es decir, características necesarias para el tipo de estudio presente.

Análisis y discusión de los resultados

A continuación, los gráficos estadísticos que plasman los resultados del análisis de los parafraseos de los textos literarios realizados por los futuros traductores.

COMPETENCIA SOCIOLINGÜÍSTICA - NIVEL AVANZADO

32

COMPETENCIA SOCIOLINGÜÍSTICA - NIVEL INTERMEDIO

El cierre del texto con frases interrogativas o declarativas.

Usa 1 verbo que expresan bajo grado de afirmación con relación al hecho relatado.

El cuerpo de texto presenta alguna palabra para marcan proximidad y confianza entre el emisor y...

El texto presenta un título que despierta alguna curiosidad en el receptor del mensaje.

0   0.5   1   1.5   2   2.5   3   3.5   4   4.5

■ TEXTO4   ■ TEXTO3   ■ TEXTO2   ■ TEXTO1

COMPETENCIA SOCIOLINGÜÍSTICA - NIVEL BÁSICO

El cierre del texto no presenta con frases interrogativas o declarativas que expresan duda, ironía, desprecio e incertidumbre.

El cuerpo de texto presenta ninguna palabra para marcan proximidad y confianza entre el emisor y receptor, usa ningún verbo que expresan bajo...

El texto presenta un título no que despierta curiosidad en el receptor del mensaje.

0   0.2   0.4   0.6   0.8   1   1.2

■ TEXTO4   ■ TEXTO3   ■ TEXTO2   ■ TEXTO1

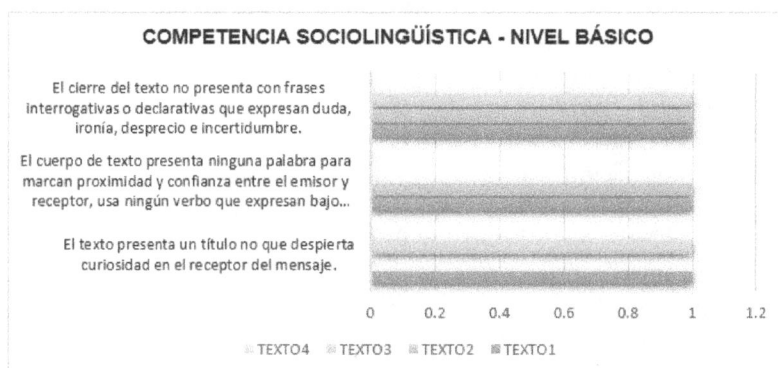

Al analizar los gráficos estadísticos que plasman los parafraseos de los textos literarios en el género textual chisme producidos por los futuros traductores e intérpretes. Se ha observado que la hipótesis propuesta para este estudio ha sido corroborada, pues existe relación positiva entre la aplicación del parafraseo y el desarrollo de la competencia sociolingüística para el logro del nivel avanzado[2] C1 de acuerdo con el Marco Común Europeo de Referencias. Mientras tanto, cabe mencionar la afirmación de Hymes (1971) que las reglas de interacción social abarcan el entendimiento del entorno cultural, visto que el individuo que se propone aprender otra lengua es consciente que tiene que adecuar su discurso al contexto social como sustenta el Marco Común Europeo de Referencias. Esta adecuación está vinculada en lo mencionado por Bachman (2003) que las convenciones del uso de la lengua se determinan por detalles caracterizados por contextos específicos que en el caso de este estudio fue la producción textual de un chisme parafraseando ciertos capítulos de la novela machadiana *Dom Casmurro*.

---

[2] Vide adjunto I – ejemplo de textos parafraseados como chisme que lograron el nivel avanzado.

El género textual chisme presenta aspectos característicos del género como adjetivación segregadora, ironía, uso de diminutivo y aumentativos, entre otros que fueron base para el desarrollo de la rúbrica de análisis como indicadores de evaluación. El primero aspecto analizado se refiere al cierre de texto con frases interrogativas, exclamativas o declarativas que expresan duda, ironía, desprecio o incertidumbre. Se ha observado que tanto el Texto 1 como Texto 2 el 75% lograron el nivel avanzado, 16,67% el nivel intermedio y el 8,33% lograron en nivel básico. En el Texto 3 se ha observado la mejora en este indicador subiendo para 91,67% en nivel avanzado y 8,33% en el nivel básico. En el Texto 4 el 100% lograron el nivel avanzado.

El segundo indicador es el uso de exclamaciones, interrogaciones o puntos suspensivos en el cuerpo de texto. Se ha observado que 66, 67% lograron en nivel avanzado en Texto1 y Texto 2 el 83,34% habiendo una mejora en desempeño del estudiante visto que tanto en Texto3 y 4 el 100% lograron el nivel avanzado.

El tercer indicador se refiere al uso de 2 a 4 verbos que expresan bajo grado de afirmación con relación al hecho relatado, en el Texto 1 solamente 50% de los estudiantes lograron alcanzar el nivel avanzado, en el Texto 2 el 75%, en el Texto 3 el 91,67% y Texto 4 el 100%. La misma progresión significativa ocurre en el cuarto indicador que es: hacer uso de connotación. En el Texto1 el 58,33% se encuadraron en el nivel avanzado, en el Texto 2 el 75% y en el Texto 3 y 4 el 100% usaron la connotación en sus producciones escritas y así lograron en nivel esperado.

El quinto indicador se refiere al uso de diminutivo que expresa desprecio e/o ironía, vocativo u otra palabra para marca proximidad y confianza entre el emisor y receptor el 75% de los estudiantes tanto en Texto 1 como Texto 2 se puede notar la mejora en el desempeño de los estudiantes ya que en Texto 3 el 91,67% lograran en nivel llegando a los 100% en Texto 4.

A pesar de que la actividad del parafraseo sea un aporte positivo en la mejora de la competencia sociolingüística en el futuro traductor e intérprete profesional ha llamado la atención los dos últimos indicares de la rúbrica de análisis de la competencia sociolingüística de equivalencia de nivel avanzado de los estudiantes que son: el texto presenta una tercera persona que puede ser nombrada como una vecina, una persona muy próxima, un informante, un pajarito que relata el hecho al emisor del mensaje; y el texto presenta un título que es una afirmación, exclamación o una interrogación que afirma algo, que provoca curiosidad y genera expectativas del mensaje al receptor, pues al contrario de los otros indicadores ningún texto logró el 100%, los porcentajes estuvieron entre 58,33% y 83,34%, se puede considerar entonces que en estos indicadores de la competencia sociolingüística hay que se dar más atención direccionando actividades en el desarrollo del curso. Una vez más, se ha concluido que parafrasear textos literarios en genero textual chismes construye de forma positiva para el desarrollo de la competencia sociolingüística.

Conclusión

A pesar de que los estudiantes hayan logrado el nivel esperado en la competencia sociolingüística, se ha identificado algunos aspectos en los cuales hay que ser considerados y reforzados en la enseñanza de portugués como lengua extranjera en la formación de traductores e intérpretes, tales como: el uso de la connotación; uso de la puntuación que caracteriza el chisme como género textual; la identificación y el uso contextualizados de verbos que expresan bajo de grado de afirmación con relación al hecho relatado.

Mientras tanto, como fue mencionado anteriormente en la parte de los resultados con relación a competencia sociolingüística se ha observado algunas dificultades en determinados indicadores que caracterizan el género textual chisme, pues al parafrasear el primer texto denominado como Texto 1 se ha considerado que el estudiante aparentemente en este primer parafraseo no estaba familiarizado con el hecho de la producción escrita de este género textual y de los recursos lingüísticos que plasman particularidades acerca de temas secundarios de la vida cotidiana del idioma portugués de Brasil como por ejemplo: la mención de una tercera persona en su producción textual que le ha comentado acerca del chisme (determinada situación y/o información a ser relatada) para crear el chisme como si la información no partiera del emisor del mensaje y si de una tercera persona, eximiéndose de las responsabilidades de las informaciones ahí contenidas; el uso de la connotación; y uso de los verbos que expresan bajo grado de afirmación con relación al hecho relatado. En conclusión, se puede afirmar que este hecho puede estar vinculado directamente al desconocimiento del peso semántico con relación a la elección lingüística del vocablo dentro de este contexto debido a que eso abarca cuestiones intrínsicamente culturales y vivencia de inmersión de la sociedad brasileña.

Referencias

ALMEIDA FILHO, J.C. *Fundamentos de Abordagem e Formação no Ensino de PLE e de Outras Línguas*. Campinas: Pontes Editores, 2012.
GUEDES BARBOSA, Araken; GOMES DE MATOS, Francisco. *A paráfrase como proposta linguístico-pedagógica para o uso no ensino de línguas*. Recife: UFPE, 2005. Tese de Doutorado em Letras Disponível em\; https:// repositorio.
ufpe.br/browse?type=author&value=Guedes+Barbosa%2C+Araken
BACHMAN, L. *Communicative language ability*. En Fundamental

considerations in language testing (77-128). Oxford: Oxford University Press, 1990.

BARBOSA, A. *A paráfrase como proposta lingüístico-pedagógica para o uso no ensino de línguas.* Recife: UFPE, 2005. Tesis (Doctorado). Programa de Pós-Graduação em Letras, Universidade Federal de Pernambuco Sitio web: https://repositorio.ufpe.br/handle/ 123456789/7712

BERNAL, M.L. *Etnografía de la vida cotidiana*: el chisme en los ámbitos familiar, estudiantil y laboral. palabras en permanente construcción Bogotá, 2013. Tesis (Bacharel). Bogotá, Sitio web: https://repository.javeriana.edu.co/handle/10554/10515?show=full

CANALE, M. *De la competencia comunicativa a la pedagogía comunicativa del lenguaje.* de CVC. Centro Virtual Cervantes, 1983. Sitio web: https://cvc.cervantes.es/ensenanza/ biblioteca_ ele/antologia_didactica/enfoque_comunicativo/ canale01.htm

CASTILLA, N. *La seducción del chisme.* Tecnura - Tecnología y cultura, afirmando el conocimiento, Vol. 5, Núm. 10, 2002, 91-95.

GUALDA, L.C. Literatura e cinema: pontos de contato entre Dom Casmurro e Dom. *Baleia na Rede Revista online do Grupo Pesquisa em Cinema e Literatura*, VOL1, 1-19, 2009.

HYMES, D. (1972). On communicative competence. In J. B. Pride & J. Holmes (Eds.). *Sociolinguistics.* p. 269-293, Harmondsworth: Penguin, 1972.

MARCO COMÚN EUROPEO DE REFERENCIA. *Marco común europeo de referencia para las lenguas*: aprendizaje, enseñanza, evaluación. Centro Virtual Cervantes, 2002. Sitio web: https://cvc.cervantes.es/ensenanza/biblioteca_ele/marco/cvc_mer.pdf

MARCUSCHI, L. *Gêneros textuais reflexões e ensino.* En Gêneros textuais: configurações, dinamicidade e circulação (17-32). Sao Paulo: Parábola Editorial, 2011.

MENDES, E. *Por que ensinar língua como cultura?* Língua e Cultura no contexto de português língua estrangeira (53-78). Campinas: Pontes Editores, 2010.

MONTESA, S.;GARRIDO, A. *La literatura en la clase de lengua.* 28.18.2018, de cvc.cervantes.es, 1990. Sitio web: https://cvc.cervantes.es/ensenanza/biblioteca_ele/asele/ pdf/02/02 _0447.pdf

NIÑO, V. *Competencias en la comunicación: hacia las prácticas del discurso.* Bogotá: Ecoe Ediciones, 2011.

PENNY Ur. (2007). *A course in language teaching.* Cambrigde: United Kingdom at the University Press, 2007.

SOUCHON, M.; ALBERT, M. Les *textes littéraires en classe de langue.* Paris: Hachette, 2000.

VARGAS, R. *Historias personales, verdad y reconocimiento*: sobre los lugares del rumor en las vidas de quienes han experimentado una pérdida violenta.

2011. Tesis (Maestría), Bogotá, Pontificia Universidad Javeriana. Maestría en Estudios Culturales, Sitio web: https://www.javeriana.edu.co/biblos/tesis/csociales/tesis248.pdf

VAN DIJK,T. *El discurso como estructura y proceso.* Barcelona: Gedisa Editorial, 2001.

ADJUNTO I

título que despierta curiosidad en el lector

Só vizinhos ou mais que isso?

3ª persona que narra el hecho

Expresión propia del idioma

verbo que genera duda

Pregunta que genera expectativa en el lector

Uso de diminutivo

Parece que há novos namoradinhos no bairro de Mata Cavalo. Mas, quem podem ser? Nada mais e nada menos que os vizinhos da vida inteira: o Bentinho e a Capitu. Era só questão de tempo para que eles ficassem juntos e o momento chegou. Ontem cedo Bentinho, filho de Dona Glória, foi visto pela empregada entrando na casa da vizinha. Até aí tudo normal... mas ele ficou lá quase o dia inteiro. O que será que essas crianças estiveram fazendo? Bom, segundo a própria mamãe da Capitu, dona Fortunata, eles só estiveram juntos no quarto na filha, toda inocente, né? "O Bentinho estive fazendo tranças no cabelo da minha filha, só isso", disse a senhora a nosso entrevistador. Além disso, ela disse que ela gostaria muito que eles fossem

Tono despectivo

namoradinhos. Pobre Betinho, só o querem por sua grana!

Nós aqui achamos que mais coisas aconteceram nesse quarto, beijos, abraços e outras coisinhas a mais e que a mamãe sabe, né!!!! Mas quer parecer discretinha... como se não a conhecêssem

Cierre máximo

con doble connotación

Afirmación con doble connotación utilizando verbo con bajo grado de afirmación y uso del diminutivo, además de expresión propia del idioma.

Observación

El texto abarca el parafraseo referente al Capítulo XXXIII - O Penteado del libro Dom Casmurro de Machado de Assis, en lo cual se realiza la narración y la descripción del momento que Bentinho peina el pelo de Capitu solos en su habitación, como también hace el comentario de las sensaciones que Bentinho y Capitu tuvieron antes y después del primer beso.

3

PAISAGEM LINGUÍSTICA: NOVOS CONTEXTOS E COMPETÊNCIAS PARA A ELABORAÇÃO DE POLÍTICAS PÚBLICAS DE LÍNGUA PORTUGUESA

ANA KATY LAZARE-GABRIEL

Introdução

Em resposta aos novos paradigmas impostos pela globalização novos fluxos migratórios de estrangeiros suscitam. Nesse panorama, indivíduos de diferentes origens migram em busca de melhores condições socioeconômicas. A Globalização é um processo econômico e social, em progresso, que estabelece a integração entre países e pessoas de todo o mundo. Por meio desse processo rápido, praticamente instantâneo, ocorrem aproximações de pessoas, governos e empresas intercambiando ideias, realizando transações financeiras ou comerciais. Como consequência desse intercâmbio contínuo e rápido, há a disseminação dos aspectos culturais existentes no mundo que podem estar associados às diferentes formas de deslocamentos, a saber, os deslocamentos motivados/provocados ou os forçados (GOODWIN-GILL, 1998, p. 139).

Os deslocamentos provocados ou motivados por razões profissionais, de aprendizagem ou econômicas são as transferências "aceitáveis", uma vez que a comunidade de partida entende ser uma oportunidade de crescimento pessoal, profissional ou econômica; ao passo que a comunidade que recebe o imigrante, o representa como um profissional ou estudante capacitado que está em busca de aprimoramento de seus conhecimentos. Em contrapartida, os deslocamentos forçados, ou transferências motivadas por questões econômicas, climáticas, bélicas, políticas, ideológicas, de etnia, de religião ou cultural visam a busca de melhor qualidade de vida.

Desse modo, todo fluxo migratório seja motivado ou forçado leva os indivíduos para novas culturas e diferentes ambientes de sua pátria-mãe resultando em interações sociais satisfatórias ou não. Logo a migração voluntária ou motivada tende a ser menos traumática do que a migração forçada, já que o governo ou a empresa cria uma rede de amparo ao imigrante. Sendo que o imigrante forçado, "refugiado" não possui quase ou nenhum auxílio governamental e tende vivenciar experiências traumáticas nas interações sociais.

Segundo Grinberg e Grinberg (1984), nos imigrantes pode se identificar traços comportamentais e elementos comuns em suas reações emocionais de sujeitos implicados na imigração. Isto porque o imigrante irá lidar com sentimento de perda, saudade, distância, tristeza de forma diversa. Tal situação está vinculada diretamente aos motivos pelos quais ele precisou deixar seu país e independentemente do tipo de migração haverá reações e choque com a cultura que está sendo absorvida.

Todo movimento migratório é responsável por transformações e pela reconfiguração de cenários e culturas locais, uma vez que promovem a (re) criação de valores, crenças, estilos de vida, modos diferentes de compreender o mundo a sua volta. Esse fenômeno foi observado na constituição da sociedade brasileira no curso e de sua história, ao observarmos as influências e contribuições deixadas pelas culturas indígena, árabe, africana, japonesa, italiana, alemã e outras.

Atualmente o crescente fenômeno de migração forçada pode ser observado na cidade de São Paulo, sobretudo, nas regiões do Brás, Pari, Glicério dado o grande número de imigrantes bolivianos, haitianos e sírios e é nesse panorama de deslocamentos forçados que a presente pesquisa está inserida e se inscreve na grande área da didática de ensino de língua, nos estudos interculturais e nos estudos da Paisagem Linguística como propulsora para a criação de política pública de línguas.

Fluxos migratórios e fluidez da linguagem

Mudanças na sociedade, como a globalização e fluxos migratórios estabelecem conexões entre diferentes grupos que fomenta interações de diferentes culturas. Tais interações impactam, não somente na forma de interagir, mas também na forma como as línguas são utilizadas. Assim, estudos visam compreender a atual configuração do mundo globalizado no que tange as relações e interações sociais que permeiam as relações entre imigrantes e nativos em contexto pluricultural e plurilíngue. Desse modo, conforme Blommaert (2010, p.1):

A linguagem humana mudou na era da globalização: não mais presa às comunidades estáveis e fixada, ela se move pelo globo, e se muda no processo. O mundo se tornou uma complexa 'rede' de vilas, cidades, bairros e povoados conectados por lações materiais e simbólicos de maneira frequentemente imprevisíveis.

Trata-se, desse modo, de uma concepção de línguas como

"entendimentos fluídos mais complexos de voz" conforme postulados de Makoni & Pennycook (2005) *apud* MAY, 2014, p.1) ao contrário da concepção de línguas como entidades "demarcadas e reificadas" (MAY, 2014, p.1). Assim, a noção de multilinguismo substituiu a concepção de espaço monolíngue, uma vez que crescem os fluxos migratórios e suscitam interações sociais em contexto plurilíngue e pluricultural. May (2014, p.1):

Multilinguismo, ao que parece, é o tópico do dia, pelo menos na linguística aplicada crítica. Motivada pela Globalização, e pelo que Vertovec (2007) descreveu como 'superdiversidade', a linguística aplicada crítica tem cada vez mais voltado sua atenção para os repertórios linguísticos dinâmicos, híbridos e transnacionais de falantes multilíngues (frequentemente migrantes) em aglomerações urbanas que rapidamente se diversificam no mundo todo.

Em contextos plurais e de diversidade, como nas grandes cidades, os contatos de línguas e culturas são estudados pelo viés da Sociolinguística que propõe uma visão pós-estruturalista dentro da virada multilíngue, na qual comunidades e identidades são categorizadas como complexas, híbridas, mutáveis e instáveis. Dessa forma, podemos dizer que em grandes aglomerações criam contextos plurilíngue e pluricultural. Nesse entendimento, os estudos linguísticos tomaram emprestado o conceito de 'super-diversidade' das ciências sociais, para descrever os espaços de interação social e linguística resultante de fluxos migratórios em tempos de globalização proposto por Steven Vertovec em 2005 com a finalidade de analisar as mudanças na natureza e da imigração na Grã-Bretanha nos anos 1990, o autor aponta que:

[...] a natureza da imigração para a Grã-Bretanha trouxe consigo uma transformadora 'diversificação da diversidade' não apensa de em termos de etnias e países de origem, mas também com respeito à variedade de variáveis significantes que afetam onde, como e com quem as pessoas vivem. (VERTOVEC, 2006, p.1).[1]

Blommaert corrobora com as proposições de Vertovec (2006) e define 'super-diversidade' como "diversidade dentro da diversidade" (2013, p.10). O termo "super-diversidade"[2] pode ser atribuído à cidade de São Paulo, uma vez que as comunidades de imigrantes se instalam e criam espaços próprios nos quais se apresentem e se representam em práticas de linguagem em contexto de migração de brasileiros de outros estados da federação. Os movimentos de migração forçados geram conflitos por reconhecimento, que,

---

[1] Grifo nosso do original: "[...] the nature of immigration to Britain has brought with it a transformative 'diversification of diversity' not just in terms of ethnicities and countries of origin, but also with respect to a variety of significant variables that affect where, how and with whom people live."

[2] A diferença na grafia do termo "superdiversidade" ou "super-diversidade" está relacionada à escolha lexical dos autores mencionados no texto.

permeados por contatos linguísticos, podem ser categorizados pela luta de reconhecimento de um determinado grupo minoritário da parcela imigrante inseridos em uma sociedade conforme Blommaert (2013).

Práticas translíngues: processos transglóssicos e transculturais

Nas sociedades complexas da contemporaneidade o cruzamento de línguas passa a ser um fenômeno inevitável, permeados por fluxos culturais e linguísticos nos quais circulam diferentes línguas, o que leva a um mundo expandido representado nas práticas de linguagem, no uso transdiomáticos (JAQUEMET, 2005) e em processos transglóssicos (ASSIS-PETERSON, 2008). Nesse panorama, o Brasil é um país plurilíngue, onde são faladas duzentas e vinte e duas línguas, a saber, cento e oitenta línguas indígenas; quarenta línguas de imigração e duas línguas de sinais – a LIBRAS e a Kaapor Brasileira, conforme pesquisa de Oliveira (2003). Logo, ao considerar os contextos sociolinguísticos complexos que ocorrem nas cidades brasileiras, há necessidade de ressignificar os conceitos de língua e de cultura. Desse modo, Cox e Assis-Peterson (2008, p. 330) propõem que esses conceitos sejam: "pensados como sistemas divididos, instáveis, em permanente estado de fluxo, em trânsito, vazando de uma fronteira para a outra entrecruzando-se, misturando-se, mestiçando-se, transformando-se". Nesse contexto, ao focalizarmos as interações entre paulistanos, migrantes de outras cidades ou estados e imigrantes na cidade de São Paulo, podemos evidenciar como os indivíduos compartilham no mesmo tempo espaço diferentes línguas, a saber, a língua portuguesa e suas particularidades (regionalidades e dialetos), as línguas africanas, o árabe, o chinês, o japonês e o espanhol com maior grau de representatividade. Logo, o prefixo – trans nos termos cultural, língua e glossia remetem para além da noção de trânsito, de circulação, mas assume o sentido de inexistência de fronteiras entre as culturas, as línguas e as palavras (COX; ASSIS-PETERSON, 2008, p. 330).

Paisagem linguística

Uma leitura semiótica das ruas nas quais há colônias de imigrante viabiliza perceber as mudanças na sociedade e como os diferentes grupos se apresentam e se representam em enunciados linguísticos (orais e escritos). Dentro desse universo, a língua ocupa um lugar privilegiado que viabiliza detectar características da 'super-diversidade', da multiculturalidade, do plurilinguismo e de processo de hibridismos linguísticos e culturais. Esses processos afetam a maneira de interagir bem como a forma de ensinar e de aprender línguas, que não podem estar restringidas aos aspectos funcionais e estruturais da língua para desenvolver competências e habilidades comunicativas. Logo, Maher (2013, p.128) afirma:

O modo como a paisagem linguística brasileira se configura, hoje, revela algumas das maneiras como falantes, ou simpatizantes, das línguas tornadas minoritárias no país vêm se mobilizando para torná-las visíveis, ajudando a mudar/moldar a ecologia linguística do país.

A partir dessa orientação, ressaltamos a existência do multilinguismo urbano (BLOMMAERT, 2012; MAHER, 2013 e MALY, 2014) e a necessidade de realizar inventários desse multiliguismo urbano a fim de entender como as línguas se apresentam e o que representam em espaços públicos para compreender a função social de cada língua.

O mutilinguismo também contribui para estudos da sociolinguística que versam sobre o entendimento de uma ou mais línguas em uso em determinado contexto, ao passo que a paisagem linguística trata e focaliza a língua escrita em um determinado tempo/espaço multi/plirilíngue (LANDRY; BOURHIS, 1997, p. 25). Desse modo, a partir de coleta de placas e de sinais de duas ou línguas em um determinado território contribui para entender como as línguas estão disponibilizadas em locais públicos e qual sua função social naquele contexto.

Cenoz e Gorter (2008) propõem a observação da forma como as informações estão dispostas, focalizando os enunciados linguísticos escritos contextualizados em uma área específica. Estas informações podem ser:

A língua de sinais de trânsito, de propagandas, de outdoors, nomes de ruas, de lugares, de propagandas e indicações públicas em edifícios públicos combinados formam a paisagem linguística de um determinado território ou de aglomeração urbana.

Podemos assim considerar Paisagem Linguística a referência a todos os enunciados linguísticos que são visíveis em um espaço público específico, (GORTER, 2008) (grifo nosso) além da variável independente que contribui para a vitalidade etnolinguística de um grupo Laundry e Bourhis (1997) bem como sinal que línguas são proeminentes e valoradas em locais públicos ou privados além de indicarem a posição social de indivíduos que se identificam com uma determinada língua.

Nesse panorama, a paisagem linguística afeta e reflete a situação linguística de uma determinada região, pois a relação de uso entre as línguas pode promover o uso de determinada língua em detrimento de outra, podendo ser responsável por processo de manutenção ou mudança na língua (CENOZ; GORTER, 2008), cooperando com a construção de um contexto sociolinguístico complexo que, pelo processamento visual das informações, podem influenciar o uso efetivo da língua.

Cenoz e Gorter (2008), baseados na proposta de Laundry e Bourhis (1997) entendem que as funções da paisagem linguísticas podem ser entendidas de duas formas distintas: informativa ou simbólica, sendo que a informativa delimita as fronteiras territoriais de um grupo linguístico indicando que uma ou mais línguas podem ser utilizadas na comunicação ao passo que a função simbólica faz menção à forma como os indivíduos percebem e atribuem valor ao status das ínguas em comparação com outras línguas.

Cenoz e Gorter (2006, p.68) acrescenta que a paisagem linguística pode ser configurada , tanto por políticas linguísticas do tipo *top-down*, visíveis por textos regulados por autoridades públicas, a título de exemplificação: edifícios públicos, nomes de ruas, placas turística e de localização, entre outras, quanto por políticas linguísticas *bottom-up*, confeccionadas por cidadãos (donos de negócios privados?), sinalizações encontradas em placas ou informativos de comércio, de associações, restaurantes, bancos e anúncios publicitários. Nesse contexto, a paisagem linguística de uma região ressalta a semiotização do multilinguismo e atua como marcador "simbólico" e "informativo" do *status* das comunidades linguísticas que compartilham o mesmo território.

Contexto de pesquisa

A presente pesquisa tem a intenção de apresentar o entendimento acerca da noção de paisagem linguística para o desenho de políticas de línguas, que influenciará os moradores da cidade de São Paulo, uma vez que a cada dia aumenta o número de imigrantes na cidade, os quais buscam condições favoráveis de vida. Ao chegarem a cidade, eles encontram uma diversidade cultural e linguística, ou seja, um espaço super-diverso, plurilíngue e pluricultural permeados por contatos linguísticos, assim os imigrantes vivenciam conflitos culturais e entraves linguísticos por aceitação e reconhecimento.

A pesquisa tem por objeto de estudo Rua Coimbra, situada na zona central da cidade de São Paulo, de contexto complexo, plurilíngue e pluricultural. O local é "[...] espécie de centro comercial boliviano em São Paulo", conforme informação da Secretaria Municipal de Direitos Humanos e Cidadania (SMDHC). Criada em 2003, no local é possível comprar alimentos e uma série de produtos típicos da Bolívia em apenas um quarteirão. Na rua há também um posto avançado do Consulado da Bolívia, agências de remessas de dinheiro para o exterior e compra de passagens aéreas, cabines telefônicas para fazer ligações para a Bolívia, entre outros serviços. (SMDHC).[3] O secretário à época da regularização comentou:

Hoje é um dia histórico. Os imigrantes são parte importante da cultura e do desenvolvimento da nossa cidade e sempre foram vistos com desconfiança, a menos que alcançassem as esferas mais altas da sociedade. Quero ver a feira da rua Coimbra ser reconhecida daqui a alguns anos como um local de turismo, como hoje é o bairro da Liberdade.

---

[3] Informações sobre a feira da Rua Coimbra estão disponíveis no site https://www.prefeitura.sp.gov.br/cidade/secretarias/direitos_humanos/noticias/?p=185344 na área de direitos humanos e cidadania da Prefeitura do Município de São Paulo.

Vale ressaltar, com as devidas ressalvas históricas, que o bairro da Libedade apresenta uma paisagem linguística *top-down e do tipo bottom-up,* ou seja, há desde sinais de pequenos e grandes comerciantes à iluminação ornamental instalada e mantida pela prefeitura. Silva; Santos e Jung comparam o conceito de elaboração geográfica linguística da cidade de Calvet (2007) com o de paisagem linguística de Blommaert e Maly (2014). Desse modo,

Segundo Calvet (2007, p. 35), é possível elaborar uma geografia da cidade a partir de línguas inscritas no ambiente linguístico e acompanhar as mudanças através desse ambiente. De mesmo modo Blommaert e Maly (2014) asseguram que podemos realizar uma análise etnográfica da paisagem linguística para obter uma imagem da dinamicidade e complexidade que caracteriza ambientes super-diversos, partindo da infraestrutura dos bairros.

O presente estudo exploratório é de abordagem qualitativa de cunho etnográfico, em consonância com a proposta adaptada de Cenoz e Gorter (2006) com uso de categorias adaptadas à realidade da Rua Coimbra, na qual foram registradas fotograficamente textos disponíveis em espaços públicos (fachadas de restaurantes, anúncios de compra e venda, informativos para imigrantes e etc.).

Pudemos evidenciar que em uma quadra só havia anúncios em língua espanhola e inexistia anúncios em língua portuguesa, pois a paisagem linguística local revelou muito sobre a cultura, a história e a política dos indivíduos que compartilham o mesmo espaço, uma vez que os territórios são marcados quando um grupo é inserido ou evidenciado e assim há o apagamento do outro grupo.

O papel social da paisagem linguística da rua coimbra

As imagens a serem analisadas foram retiradas ao longo da feira que ocorre à Rua Coimbra, trata-se de pequenos comércios (restaurantes, cabelereiros, empresas de consultorias e trâmites documentais, loja de fios e de armarinhos e uma igreja). As figuras foram organizadas e agrupadas em concordância com suas similitudes a fim de facilitar sua categorização.

Figura 1 – Faixada de um salão de beleza

Fonte: compilação da autora Ana Katy Lazare Gabriel.

Na Figura 1, observamos a fachada de um cabelereiro, localizado no quarteirão. Trata de um lugar cujos proprietários são bolivianos e tem por clientes, em sua maioria, bolivianos. As placas expostas à entrada foram produzidas de forma profissional e ficam expostas permanentemente. Trata-se de um texto direcionado especialmente para a comunidade boliviana que circula naquele espaço, com a clara intenção de produzir sentido e interlocução com o grupo de frequentadores do local.

Figura 2 – Faixada de uma galeria

Fonte: compilação da autora Ana Katy Lazare Gabriel.

Na Figura 2, afixada na fachada de uma galeria localizada no quarteirão há uma faixa de consultoria a imigrantes de origem andina. Contudo, como se trata de um lugar prioritariamente reservado à comunidade boliviana, há a expressão "colônia boliviana", além da presença das bandeiras do Brasil e da Bolívia como forma de simbolizar a reciprocidade dos países e local de informações, auxílio.

Figura 3 – Banner dentro de uma loja de aviamentos.

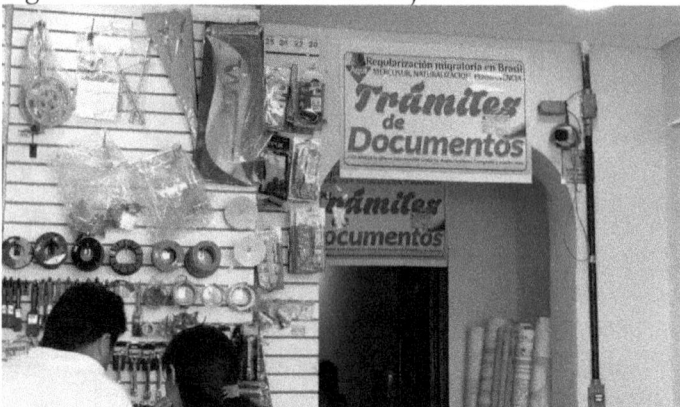

Fonte: compilação da autora Ana Katy Lazare Gabriel.

Na Figura 3, encontramos uma placa afixada no interior de uma loja de armarinhos com diferença em relação à posição de outras placas, uma vez que a placa se encontra posicionada em local de evidência, acima da porta de passagem e que todas as pessoas que entram no estabelecimento acabam por focalizá-la, a mesma oferece auxílio jurídico ou "trámitez" de documentos, podemos notar que a cor vermelha, cor chamativa e prende a atenção, está presente nas figuras 1, 2 e 3.

Figura 4 – Interior de uma loja de armarinhos.

Fonte: compilação da autora Ana Katy Lazare Gabriel.

Em oposição às figuras 1, 2 e 3, a figura 4 é uma placa colada no vidro de uma grande loja de fios, linhas e lãs "Fiolandia", apesar do estabelecimento trabalhar com linhas e fios a placa apresenta uma vaga de "cocinera" cozinheira, subentende-se a oferta naquele estabelecimento uma vez que o local muito frequentado por imigrantes bolivianos, que em sua grande maioria trabalham na área de aviamentos, costura e afins. Há elementos que nos direcionam à inferência, a saber, a oferta de trabalho se restringe àqueles que sabem fazer comida boliviana ou aos que falam espanhol. Vale ressaltar que o cartaz está afixado a aproximadamente 1,50 de altura, o que sugere ser afixado a altura dos olhos dos imigrantes bolivianos, uma vez que a compleição física do grupo é considerada de baixa estatura.

Figura 5 – Interior da igreja Universal.

Fonte: compilação da autora Ana Katy Lazare Gabriel.

A figura 5 é um cartaz permanente que está fixado na entrada da igreja Universal. Trata-se de uma proposta de inserção de povos andinos nos cultos ofertados. Conforme informação no site da "Gospel Prime"[4] há cultos em língua espanhola para a comunidade imigrante local. Nesse caso podemos perceber que a representatividade de imigrantes evidenciou a necessidade de cultos bilíngues, a fim de angariar mais fiéis.

Figuras 7, 8 e 9 – Porta de restaurantes de comida boliviana.

  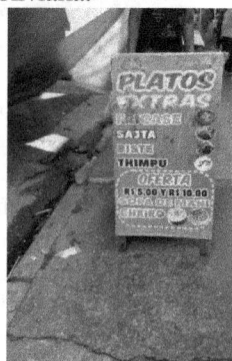

7   8   9

Fonte: compilação da autora Ana Katy Lazare Gabriel.

---

[4] Informação disponível em < https://www.gospelprime.com.br/igreja-universal-abre-igreja-para-latinos-e-hispanicos-em-sp/>. Acesso em 17 mar 2019.

As figuras 7, 8 e 9 são de estabelecimentos alimentícios ao longo do quarteirão e cada uma com suas especificidades, além do tipo de prato servido, há a diferença da disposição, do tempo de exposição, da confecção e tipo de material do banner. Os banners 7 e 8 estão dispostos no interior dos estabelecimentos, em sua entrada e de fácil visibilidade, ao passo que o banner 9 está disposto em um tripé em frente ao estabelecimento. O que há de comum entre os três é a oferta de pratos da comida típica boliviana todos os dias. É possível evidenciar a inexistência da língua portuguesa.

A partir das imagens apresentadas, notamos que a política linguística oficial do local valoriza o espanhol, uma vez que se trata de um espaço de comércio cujo público alvo são hispanos falantes. Na escrita em espaço público, não se evidenciou o plurilinguismo. Portanto, fortalece-se a identidade étnico-linguística dos falantes de espanhol por meio do espanhol escrito.

Considerações finais

O presente estudo se limitou a analisar a paisagem linguística de uma rua da cidade de São Paulo, pois nela há uma vasta quantidade de colônia de imigrantes. Entre as nacionalidades que imigram para a cidade, podemos destacar a comunidade de bolivianos que representa a maior parcela de imigrantes que se reúnem em locais públicos para amenizar os reflexos socioemocionais sofridos e vivenciar momentos de interação entre seus compatrícios.

Há, na cidade, vários pontos de encontro das comunidades latino-americana, tal como a Praça do Kantuta e a Rua Coimbra, mas, como a Praça do Kantuta é um evento semanal móvel, ou seja, as instalações e placas de sinalização são removidas ao término do evento, a Rua Coimbra propicia a leitura das placas de sinalização fixas que foram objetos de estudo da presente pesquisa.

À vista disso, a paisagem linguística propicia diferentes perspectivas para as análises sociolinguísticas e provém informações sobre o uso das ínguas que interagem em um contexto específico. Assim sendo, ao registrar e analisar as fotografias tiradas de placas de sinalização, compreende-se a ocorrência de uma paisagem monolíngue em contexto plurilíngue e pluricultural, embora esperava-se encontrar placas de sinalização tanto em português quanto em espanhol.

De natureza igual, a paisagem linguística da rua Coimbra realçou a noção de sistema linguístico que se configura como uma entidade política e ideológica do grupo de imigrantes bolivianos, posto que o local se constitui como marco ou ponto identitário da cultura boliviana.

Os marcadores simbólicos dos textos analisados nos espaços públicos do quarteirão realçaram a noção de monolinguismo (uso exclusivo da língua espanhola), ao mesmo tempo que as interações permeadas pelo uso da linguagem oral realçaram a noção de multilinguismo (uso da língua espanhola e portuguesa). Desse modo, é possível dizer que ausência do português nos textos escritos durante a "feira boliviana" constatam o *status* de "poder" da língua espanhola naquele contexto histórico e social, constatou-se também que a língua portuguesa foi designada como língua minoritária e não presente na prática escrita aquele grupo que produziu as placas de sinalização.

Isto posto, a paisagem linguística indicou a relação de "poder" entre as línguas -portuguesa e espanhola que, em concordância com a necessidade dos falantes, havia alternância na seleção da sua língua a ser utilizada. Por conseguinte, a língua oral fora utilizada na comercialização de produtos entre nativos e imigrantes sendo que na modalidade escrita constatou-se a prevalência de uso da língua espanhola como forma de demarcação de um espaço "ilha" na metrópole.

O uso do espanhol é reflexo da política de língua minoritária, adotada pela comunidade local e é posta em prática pelos comerciantes locais. O seu uso influencia diretamente na paisagem linguística ao marcar posição e reforço da presença de um grupo, de sua cultura e de sua língua.

A função representacional das imagens ocorre quando os indivíduos constroem sentido/significados baseados em suas experiências, suas crenças, valores e ideologias. Portanto, a configuração das placas em língua espanhola fortalece a identidade linguística dos imigrantes bolivianos na cidade de São Paulo. Isso faz com que as placas confeccionadas apresentem figuras representativas das políticas linguísticas do tipo *bottom*-up (CENOZ; GORTER, 2006, p.68), ou seja, aquelas confeccionadas por pessoas físicas ou particulares.

As políticas linguísticas de grupos minoritários do tipo bottom-up induzem, com o passar do tempo, a necessidade de políticas linguísticas do tipo *top-down* (CENOZ e GORTER, 2008), aquelas instituídas pelos órgãos governamentais.

Atualmente, a Prefeitura de São Paulo reconhece a Rua Coimbra como "uma ilha comercial boliviana", tal como está descrito à página oficial da prefeitura da cidade. Vale ressaltar que embora a prefeitura tenha reconhecido a necessidade de uma local para a integração dos imigrantes, ela não colocou sinalização oficial no entorno ou nas proximidades do local descrito em língua espanhola.

Assim sendo, a pesquisa concluiu que a utilização de placas de sinais em língua espanhola apresenta uma paisagem linguística que aponta para a necessidade do desenvolvimento de políticas públicas de línguas tanto para o ensino de português como língua estrangeira como instalação de placas de sinalização. Para fins de equidade as placas institucionalizadas, em língua espanhola, devem seguir os padrões das utilizadas em língua portuguesa e têm de indicar os locais turísticos em pontos estratégicos, ou seja, por onde passa grande fluxo de pessoas. Logo, tais informações precisam ser bilíngues a fim de apresentar a função social das línguas falada e escrita presente nas interações sociais dos falantes.

Referências
ASSIS-PETERSON, A. A. *Como ser feliz em meio de anglicismo: processos transglóssicos e transculturais.* Trab. Ling. aplic., Campinas, 47, p. 323-340, jul/dez. 2008.

BLOMMAERT, J. *The Sociolinguistics of globalization.* New York: Cambridge University Press, 2013.

BLOMMAERT, J.; MALY, I. *Ethnographic linguistic landscape analysis and social change: A case study,* The United Kingdom: 2014. Disponível em:< https://www.kcl.ac.uk/ecs/research/Research-Centres/ldc/publications/workingpapers/the-papers/WP133-Blommaert-Maly-2014-Ethnographic-linguistic-landscape-analysis-and-social-change.pdf>. Acesso em 16 mai 2017.

CALVET, L-J. *As Políticas Linguísticas.* Florianópolis e São Paulo: Ipol/Parábola, 2007.

CENOZ, J.; GORTER, D. *The linguistic landscape as an additional source of input in second language acquisiti*on. 2008.

COX, M. I. P.; ASSIS-PERTESON, A. A. de. *The notion of transglossia and the phenomenon of linguistic mestizations in contemporary societies.* Revista da Anpoll, v. 1, n. 20, 2006.

GOODWIN-GILL, G. *The refugee in international law.* Oxford: Oxford University Press, 1998.

GRINBERG, L.; GRINBERG, R. *A psychoanalytic study of migration: Its normal and pathological aspects.* Journal of the American Psychoanalytic Association. 1984.

JAQUEMET, M. *Transdiomatic practices: language and power in the age of globalization.* Language and communication, v. 25, issue 3, p.257-277, 2005.

LANDRY, R.; Bourhis, R. *Linguistic Landscape and Ethnolinguistic VitalityAn Empirical Study.* Journal of Language and Social Psychology - J LANG SOC PSYCHOL. 1997.

MAHER. T. M. Ecos da Resistência: políticas linguísticas e as línguas minoritárias brasileiras. In: NICOLAIDES et al (Orgs.). *Política e Políticas Linguísticas.* Campinas: Pontes Editores, 2013.

MAKONI, S. & PENNYCOOK, A. *Desinventing and (Re)constructing Languages. Critical inquiry in language studies: an international journal,* vol. 2, n. 3. p. 137- 156, 2005.

MAY, S. *The Multilingual turn: implications for SLA, TESOL and bilingual education.* Nova York: Rotledge, 2014.

OLIVEIRA, G. M. As línguas brasileiras e os direitos linguísticos. In: OLIVEIRA, G. M. (org.) *Declaração dos direitos linguísticos – Novas perspectivas em políticas linguísticas*. Campinas: Mercado das Letras, ALB; Florianópolis: IPOL, 2003.

SILVA, I.; PIRES SANTOS, M.; JUNG, N. *Multilinguismo e política linguística: análise de uma paisagem linguística transfronteiriça*. Domínios de Lingu@gem, v. 10, n. 4, p. 1257-1277, 28 nov. 2016.

VERTOVEC, S. *The emergence of super-diversity in Britain*. Oxford: Oxford University, 2006.

São Paulo, Secretaria de direitos humanos e cidadania. https://www.prefeitura.sp.gov.br/cidade/secretarias/direitos_humano s/noticias/?p=185344. Acesso em 05 de mar de 2019.

4

PORTUGUÊS LÍNGUA DE ACOLHIMENTO - CURSOS DE EXTENSÃO E CAPACITAÇÃO PARA PROFESSORES DE PORTUGUÊS LÍNGUA MATERNA: ABORDAGENS E PRÁTICAS

ELIETE SAMPAIO FARNEDA

Introdução

Este artigo inicia-se pela perspectiva do ensino do Português Língua de Acolhimento (PLAc), como subárea de Português como Língua Estrangeira (PLE) e as práticas que se entrelaçam com as do ensino de Português Língua Materna (PLM) .

O contraste entre as práticas e o incentivo à elaboração de Cursos de Extensão e de Formação Continuada para professores das redes públicas e privadas são pontos que merecem ser destacados levando-se em conta que a área de Português como Língua Estrangeira (PLE) tem crescido nas últimas décadas, porém a Formação Continuada de profissionais nesta área ainda é escassa. Podemos citar algumas universidades que promovem cursos de Formação de Professores de Português para Falantes de Outras Línguas , como é o caso da Universidade de Brasília (UnB) que desenvolve desde 1990 o Programa de Ensino e Pesquisa de Português para Falantes de Outras Línguas (PEPPFOL); a Universidade Federal da Bahia (UFBA) promove o curso de Letras em Português como Língua Estrangeira; a Universidade Federal Fluminense (UFF) promove o Curso de Ensino de Português para Estrangeiros; a Universidade Federal do Rio Grande do Sul (UFRGS) promove regularmente módulos do Curso de Formação de Professores na área de Aquisição e Metodologia de Ensino do Português/Língua Estrangeira, Elementos de Gramática do Português/Língua Estrangeira e Elaboração de Materiais Didáticos para o Ensino de Português/Língua

Estrangeira. Nesta mesma linha, a Unicamp oficializou em 2015 o curso de Professor em Português como Segunda Língua e Língua Estrangeira.

O crescimento da área de PLE ocorre pelo elevado número de imigrantes que buscam aprender o português como meio de inserirem-se na sociedade e, por vezes, dar continuidade aos seus cursos de formação. Verificou-se que existe a necessidade de formar professores com especialização nesta área, pois muitos dos professores que trabalham com o ensino de PLE são formados em Letras para o ensino de PLM e, alguns desses professores, atuam como voluntários quando se trata do ensino de português para imigrantes em situação de refúgio, neste caso, denominado como Português como Língua de Acolhimento (PLAc).

A necessidade de atender não somente o público imigrante laboral, intercambista, religioso, esportista, como também o imigrante em situação de refúgio fez nascer o Projeto Piloto de Formação Continuada de Português Língua não Materna (PLnM) para Professores de Português Língua Materna (PLM). A base deste Projeto Piloto foi a observação feita das práticas em sala de PLE-PLAc para estudantes imigrantes em situação de refúgio em sala de aula de uma Instituição de Ensino Municipal do Estado de São Paulo e do Centro Interdepartamental de Línguas da Universidade de São Paulo (CL-USP). A comparação entre as práticas em sala de aula dessas instituições foi essencial para afirmar a necessidade da implementação de um Curso de Formação Continuada em PLnM para Professores de PLM, a fim de atender a esse público diversificado e emergente que vem delineando um novo cenário nas instituições de ensino brasileiras, sendo elas de ensino superior ou não (PREFEITURA DE SÃO PAULO, 2017).

Observou-se que o professor da rede Municipal de Ensino era formado em Letras, porém não possuía formação específica ou experiência no ensino de PLE/PLAc. Por outro lado, a formação do professor do CL da USP era em Linguística Aplicada com ênfase no ensino de PLE. Essa diferença de formação específica refletiu na dinâmica das aulas. A diferença na qualidade do input e do output nas instituições citadas foi muito significativa. O material trabalhado nas instituições de ensino era o mesmo, o que nos chamou ainda mais a atenção para avaliar as práticas em sala de aula.

Quanto ao nível de input, pôde-se observar que os professores da Escola Municipal se preocupavam em passar o conteúdo da unidade integralmente. A preocupação com a conjugação completa de diferentes verbos que faziam parte da unidade foi exaustivamente estudada. O método utilizado foi o de cópia, repetição e preenchimento das lacunas de alguns exercícios da unidade. O output dos estudantes observados pôde ser considerado de baixo nível, porque todos recebiam as informações de forma passiva, não havendo interação estudante estudante ou professor estudantes e material didático. Durante a aula, percebeu-se que os estudantes demonstravam cansaço e muitos deles, com menor nível instrucional, apresentavam dificuldades para entender os exercícios e preencher as lacunas dos mesmos. A presença de um professor monitor (PrMo) foi muito importante, pois deu-se maior atenção aos estudantes que tinham dificuldades na realização das tarefas exigidas pelo professor da sala para aquela unidade didática.

No quadro a seguir, percebe-se as dificuldades encontradas em levantamento feito através de respostas a um questionário enviado aos Professores Efetivos da rede municipal e aos Professores Monitores (PrMos) da Escola Municipal de Ensino Fundamental e Médio (EMEFM) observada.

Quadro 1 – Dificuldades encontradas pelos professores da EMEFM

Percepções dos PrMos em relação às aulas de PLAc	- Insegurança do PLM em como utilizar o livro didático. - dúvidas de como lidar com a gramática. - Preocupação do PLM em seguir o conteúdo do livro de forma linear. - Preocupação com a rotatividade dos alunos. - Insegurança quanto a prática do ensino de PLM X PLAc.
Dificuldades Gerais	- dificuldade em utilizar o material para alfabetização de alunos não letrados. - dificuldades em trabalhar a leitura e a conversação. - dificuldade em trabalhar o material de forma diferente. - dificuldade em elaborar e conduzir a aula.
Interação com PrMos	- alguns sentem-se confortáveis e outros sentem como se fosse um estágio apenas para observação. - alguns reagem positivamente permitindo que o PrMo auxilie o estudante e outros solicitam sugestões, mas não as consideram.
Expectativa do professor de PLM como professor de PLAC	- alguns esperam que os estudantes respondam de forma positiva ao conteúdo da aula. - alguns esperam que o estudante aprenda a modalidade escrita da língua - alguns esperam que os estudantes cumpram todo o conteúdo da unidade.
Visão sobre o curso de capacitação	- O professor de PLM sente falta de uma especialização na modalidade PLE, especificamente em PLAc para imigrantes.

Fonte : FARNEDA, (2018)

O quadro apresentado acima nos leva a afirmar a importância de haver um profissional que possa sugerir novas abordagens para que as práticas em sala de aula se tornem mais dinâmicas e mais comunicativas. Além disso, o professor de PLM que se encontra em situação de professor de PLE-PLAc deve ter a oportunidade de participar de um curso de Formação Continuada que o prepare para desempenhar o papel de professor de PLE-PLAc com segurança e conhecimento na área. Assegurar o entendimento das diferenças entre o ensino de PLM, de PLE e de PLAc é essencial, porém implica na possibilidade de reflexão das práticas que poderão garantir aos capacitandos o entendimento de novas abordagens através do estudo e debate de textos científicos específicos, com profissionais especializados.

Comparando-se as aulas ministradas nas duas instituições já citadas, pôde-se perceber que o nível de input no CL da USP foi mais elevado. A professora apresentava a unidade e os tópicos que deveriam ser abordados em sala. A preocupação da professora era fazer com que os estudantes se comunicassem entre si e demonstrassem através dessa interação o seu conhecimento prévio. Essa troca interacional, mediada pela professora, tornou a aula mais rica de informações e muito mais dinâmica. Não havia uma preocupação aparente no cumprimento de toda a unidade, mas sim, da compreensão do vocabulário e das situações de uso da língua. O output foi satisfatório, porque a professora utilizou a abordagem comunicativa e todos os estudantes, independentemente de sua nacionalidade, interagiram livremente movimentando-se quando necessário, formando grupos para elaborar diálogos situacionais. Houve a real interação entre professor   aluno material   aluno.

A diferença no resultado de aprendizagem nas duas instituições observadas revelou que a falta de contato do professor de PLM com as metodologias e abordagens do ensino de PLE foi crucial para que se pudesse reforçar a ideia elaboração de um curso de Extensão no âmbito de Formação de Professores de PLM para o ensino de PLnM, de todas as redes públicas e privadas, para que os profissionais da área de ensino possam refletir sobre suas práticas quando do ensino de PLE, especificamente da subárea PLAc. Observamos que mesmo tendo experiência como professor de PLM, esta talvez não seja suficiente para o ensino de Português Língua Estrangeira (PLE) e/ou PLAc. Isso nos leva a refletir sobre a preparação do professor de Língua Estrangeira (LE) e do professor de PLM para o ensino de PLE e subáreas.

E os professores de Português L1, estão eles igualmente prontos para se iniciarem na prática de ensino de PLE? Esses estão a princípio mais familiarizados com a estrutura e o funcionamento da língua portuguesa, mas precisam ainda vir a compreender bem o que é ensinar uma LE. Saber mais sobre o sistema de operação da língua portuguesa não lhes garante qualificação necessária e suficiente para o ensino do PLE (ALMEIDA FILHO, 2015).

Ao citarmos o ensino de PLAc, referimo-nos ao ensino de Língua Portuguesa para imigrantes e pessoas em situação de refúgio que por questões sociopolíticas recentemente enfrentadas por vários países, foram levados a buscar refúgio no Brasil e em outros lugares do mundo, abandonando a família e a terra natal. A necessidade de inclusão dessas pessoas na sociedade e na cultura do país de acolhimento torna imprescindível o aprendizado da língua-alvo. No caso de o Brasil ser um dos países de acolhimento, a língua-alvo a ser aprendida é o Português, variante brasileira.

Por ser um público muitas vezes plurilíngue que chega ao país de acolhimento com baixa autoestima, é necessário que o processo de ensino-aprendizagem da língua-alvo tenha como princípio norteador a Hipótese do Filtro Afetivo (Krashen,1987), sua influência e implicações na escolha do material e da abordagem utilizados pelo educador no processo de ensino do PLAc. O resultado dessa escolha pode refletir positivamente ou negativamente na inserção dos aprendentes no contexto sociocultural de acolhimento. É de extrema importância que o educador de Português Língua Materna (PLM) considere a questão do conhecimento do controle do filtro afetivo no processo de ensino/aprendizagem de PLAc , pois é através do controle da ansiedade e do empenho em desenvolver atividades motivadoras que se fará despertar no aprendente um sentimento de segurança e pertencimento.

Corroboramos com Grosso, Tavares &Tavares (2009, p.74) ao afirmar que o conceito de Língua de Acolhimento está ligado ao contexto migratório em que os aprendentes, em geral adultos, estudam a língua-alvo por questões de sobrevivência urgentes e no qual a Língua de Acolhimento tem que ser o elo de interação afetivo como primeira forma de integração para a cidadania.

A língua de acolhimento ultrapassa a noção de língua estrangeira ou de língua segunda. Para o público-adulto, recém-imerso numa realidade linguístico-cultural não vivenciada antes, o uso da língua estará ligado a um diversificado saber, saber fazer, a novas tarefas linguístico-comunicativas que devem ser realizadas na língua-alvo (GROSSO, 2010, p.68)

O sentimento de pertencimento consequentemente aumentará a interação dentro e fora do ambiente escolar e acelerará a integração social tão importante para a sobrevivência no país de acolhimento. Para tanto, os professores de PLM que estiverem inseridos no contexto de ensino de PLE/PLAc devem ser conduzidos a pensar que o ensino de PLAc deve ser baseado nas necessidades reais do aprendente e no seu conhecimento prévio. Esses professores devem estar abertos para novas informações que os levará a refletir sobre suas práticas e reconhecer através de leituras de textos de pesquisadores na área de PLE que há uma grande diferença no foco comunicativo do ensino de PLE e de PLAc.

O projeto piloto do curso de formação continuada de português língua não materna para professores de português língua materna

Inspirado nos moldes de cursos como STARTALK Portuguese Teacher Training, surgiu o Projeto Piloto do Curso de Formação Continuada de Português Língua não Materna (PLnM) para professores de Português Língua Materna (PLM). O curso foi elaborado para um período de 30h/a online, com leitura e participação de fórum de discussão de textos científicos da área de PLE-PLAc e, 12h/a presenciais, para discutir e refletir sobre as práticas de sala de aula e aplicação das teorias estudadas em sala de aula de PLAc. Para este curso, as inscrições foram abertas para 30 participantes.

Os objetivos desse curso de Formação foram:
- ➢ Reconhecer a importância do ensino/aprendizagem de PLE;
- ➢ Observar as diferentes perspectivas envolvidas no ensino de PLE/PLAc;
- ➢ Refletir sobre as práticas de ensino de PLM, PLE/PLAc tomando como referência o controle do filtro afetivo;
- ➢ Analisar material didático para elaboração de aula de PLE/PLAc.
- ➢ O curso de Formação Continuada dividiu-se em quatro módulos descritos no quadro a seguir.

Quadro 2 – Textos apresentados para discussão

I.	Introdução aos Estudos de Português para falantes de outras línguas.
II.	Conceitos fundamentais de Português Língua Estrangeira (PLE) e subáreas;
	- Português Segunda Língua (PL2)
	- Português Língua Adicional (PLA)
	- Português Língua de Acolhimento (PLAc)
III.	Metodologia de Ensino de Línguas Estrangeiras.
	- Aquisição X Aprendizagem;
	- Metodologia X Abordagem;
	- Elaboração de Plano de aula.
IV.	O papel do Professor no Ensino de PLE e subáreas.

Durante a realização do curso (etapa online), os participantes puderam discutir suas práticas com base na bibliografia ofertada. No encontro presencial com as formadoras e pesquisadoras atuantes da área de PLE/PLAc, buscou-se situar o ensino de PLE, no Brasil, aos participantes. O encontro presencial também proporcionou o debate sobre materiais didáticos para a área de PLE/PLAc e a eficácia deles, ou a falta dela, nos resultados obtidos no processo de aprendizagem.

O perfil dos participantes do Curso de Formação Continuada
O perfil dos participantes foi traçado através das respostas a um questionário dado no decorrer do curso. O questionário proposto fez um levantamento da faixa etária dos participantes, do nível acadêmico, do conhecimento sobre o ensino de PLAc, do trabalho voluntário e das metodologias, abordagens utilizadas em sala de aula. De acordo com os dados coletados, 12,5% das participantes tinham idade entre 22 e 25 anos; 12,5% tinham idade variando entre 26 e 30 anos e 75% das participantes tinham acima de 31 anos. Essa variação de idade e experiência foi muito importante para a interação em sala de aula, uma vez que o nível de formação acadêmica também variou. Na

pesquisa, 28,6% das participantes já possuem Mestrado na área de Letras. Mesmo com 85,7% dos "SIM" da resposta dada à pergunta sobre o conhecimento do termo "Língua de Acolhimento", e com 14,3% dos "NÃO", podemos dizer que dos 100% das participantes, 85% praticamente conheceu o termo durante o curso. Isso pode ser observado nas justificativas dadas aos 85,7% dos "SIM" no quadro a seguir:

Quadro 3 - Respostas sobre o conhecimento do título Língua de Acolhimento
A questão do ensino de PLAc envolve, em parte, o trabalho voluntário.

> **Justificativa**: Se sua resposta foi "SIM", diga onde e em qual situação ouviu o título Português Língua de Acolhimento":
> * Durante as leituras propostas e o andamento do curso Projeto Piloto - formação para professores de Língua Portuguesa como Língua não materna
> * Em artigos e grupos de estudo
> * No projeto piloto
> * Ouvi pela primeira vez quando me convidaram para participar do curso.
> * Conheci o termo no curso.
> * Em posts no Linkedin e em grupos do facebook de ensino de português como língua estrangeira.
> * Em páginas de redes sociais sobre a migração e refúgio.

Diante disto, uma das perguntas feitas às participantes foi se já haviam feito algum trabalho voluntário com estudantes em situação de refúgio. O total de 100% participantes respondeu nunca ter tido essa oportunidade. A maioria das participantes do curso já trabalhou ou ainda trabalha com o ensino de língua portuguesa para estrangeiros em escolas privadas, em escritórios ou aulas particulares na casa do estudante. Embora não tenham tido experiência com trabalho voluntário, quando questionadas sobre a importância deste trabalho, 85,7% das participantes consideraram-no de extrema importância para a inserção social dos imigrantes em situação de refúgio.

Durante a interação online e nas aulas presenciais, ficou muito claro o desconhecimento de textos científicos voltados ao ensino de PLE-PLAc. Quando perguntados sobre as metodologias aplicadas nas aulas que os participantes lecionam aos imigrantes laborais, as respostas variaram muito. Não obstante os participantes não possuírem conhecimento da maioria dos textos lidos durante o curso, ao final, puderam situar suas práticas dentro dos textos estudados e refletir sobre elas. No quadro seguinte, ao responder ao questionamento utilizado nas aulas de PLE, as participantes demonstraram não possuir muito conhecimento das metodologias e abordagens do ensino de PLE.

Quadro 4 – Metodologias utilizadas nas aulas de PLE

- 14,2% - utilizo abordagem comunicativa com atividades interculturais.
- 14,3% -observo as necessidades e elaboro as aulas com base na abordagem comunicativa.
- 14,3% - não tenho uma abordagem específica.
- 28,6% -utilizo a abordagem que for necessária de acordo com a atitude dos alunos no dia da aula.
- 28,6% - trabalho com realização de projetos interculturais mesclando diferentes abordagens.

Percebe-se que o curso, embora de curta duração, foi muito propício ao proporcionar à maioria dos participantes a oportunidade de ter contato com textos da área, de refletir sobre suas práticas e de situá-las nas abordagens e metodologias apresentadas. Os textos compartilhados foram de pesquisadores renomados na área de PLE e de PLAc, escolhidos com muito cuidado para este curso. Em 100% dos participantes, apenas 28,6% deles afirmaram ter tido contato com os textos de Amado (2013), Almeida Filho (1997), Freire (2002), Richard e Rodgers (1999) e Shütz (2002). Talvez isso explique que um total de 28,6% dos participantes respondeu que utiliza as necessidades dos estudantes, elaborando aulas com base na abordagem comunicativa e utilizando atividades interculturais.

A exposição e a discussão das teorias e a aplicação das mesmas na prática geraram uma reflexão de alto nível sobre as antigas práticas e abriram portas para as novas metodologias, abordagens e técnicas efetivas para a prática em sala de PLE-PLAc. Na opinião das participantes, os textos de maior relevância foram descritos no quadro a seguir:

Quadro 5 – Textos de maior relevância do curso

- O português como língua de acolhimento e interação (Pereira, 2017); O ensino de português como língua de acolhimento para refugiados (Amado, 2013); textos sobre a diferenciação entre abordagem e métodos (Borges, 2010); livro do "Pedagogia da Autonomia" (Freire, 2002)
- Maria José Grosso (2010) - Língua de Acolhimento, Língua de interação.
- Parâmetros do português para falantes de outras línguas (ALMEIDA FILHO, 1997)
- Não sei dizer ao certo, pois não li todos.
- Apesar de ter gostado muito de todos os textos, posso citar os que mais me chamaram a atenção, como: Português como língua de acolhimento e interação: a busca pela autonomia por pessoas em situação de refúgio no Brasil (Pereira, 2017); O vídeo do Dr. Stephen Krashen; Algumas reflexões sobre a abordagem comunicativa, o pós método e a prática docente (ABRAHÃO, 2015).
- Todos, porém para mim foi bastante interessante ler especificamente os textos que tratavam de ensino de estrangeiros em situação de refúgio já que eu nunca tinha tido acesso a nenhum material assim antes.

Quando a abordagem foi sobre o papel do professor em sala de aula de PLE e subáreas e também sobre a preparação do plano de aula para estudantes adultos em situação de refúgio, notou-se que durante a exposição da aula e a explicação de como elaborar o plano de aula, o filtro afetivo da maioria dos participantes mostrou-se extremamente elevado sendo que 50% das participantes declararam-se ansiosas e 50% declararam com alta expectativa. A partir desse momento, o que ainda não tinha transparecido nos debates sobre abordagens, metodologias e práticas passou a evidenciar-se como forma de insegurança no preparo de uma aula adequada para o público em questão. A tomada de consciência do ensino de PLAc despertou nas participantes uma sensibilidade que para além da vontade ensinar português e de inserir socialmente este público. Todas puderam perceber que teriam que desconectar-se das antigas práticas e iniciar uma nova etapa para desenvolver suas aulas.

As participantes afirmaram que houve diferença na preparação do plano de aula de PLAc em comparação a preparação do plano de aula para PLE e/ou PLM. Elencaram algumas diferenças na preparação, como se pode ver no quadro a seguir:

Quadro 6- Sobre os cuidados ao elaborar o plano de aula do PLAc

- Todo um cuidado com o vocabulário escolhido, bem como os exercícios voltados para as necessidades deles
- Pensei muito mais no aluno e no que poderia afetá-lo.
- Elaboração totalmente diferente, mais complexo. Precisamos ser mais atentos
- Minha experiência é com alunos de PLE e minhas aulas são particulares, então, esse universo de aulas de PLAc são diferentes, pois as aulas são em grupo e grupos heterogêneos. Além de serem nacionalidades diferentes das que eu estou acostumada. Mas as aulas não diferem de forma tão intensa.
- Houve cuidados que não penso na hora de preparar minhas aulas usuais.
- Tivemos o cuidado de não fazer perguntas ou situações que pudessem causar desconforto ou constrangimento.
- O vocabulário e necessidade é diferente.

A elaboração do plano e sua aplicação fez surgir o receio do insucesso em algumas das participantes. O texto de Leffa (2008) serviu de parâmetro para que houvesse uma discussão muito produtiva que os levou a pensar melhor no compromisso social e cultural da produção de material para o ensino de PLAc. Neste mesmo momento, foi ressaltada a importância do controle do filtro afetivo para que a escolha de material didático na elaboração do Plano de Aula e sua aplicação não resultassem em atividades desconectadas das necessidades reais do estudante.

A elaboração dos Planos de Aula de PLAc e a aplicação dos mesmos
Para a elaboração dos planos de aula, fez-se a divisão da sala em pequenos grupos. Os livros utilizados como referência foram "Pode Entrar" e "Portas Abertas: português para imigrantes", ficando cada grupo livre para buscar mais materiais em outras fontes confiáveis. Cada grupo pôde escolher a unidade para seu plano e a elaboração do mesmo deu-se de forma colaborativa por pasta compartilhada. Os estudantes possuíam competência linguística de nível básico e todos eram imigrantes em situação de refúgio da Missão Paz , em São Paulo provenientes da Venezuela, Cuba e Haiti. As aulas

foram ministradas para um número de 16 estudantes, cuja maioria era falante de espanhol. O fato de os estudantes serem em sua maioria falantes de espanhol, com diferentes níveis culturais e diferentes profissões, nos levou a alertar as professoras participantes da formação que as aulas de PLAc teriam de ser motivadoras e com um foco comunicativo e sociocultural voltado às necessidades dos estudantes.

O plano de aula foi elaborado seguindo as instruções referidas no Portal do Professor de Português Língua Estrangeira – PPPLE em reconhecimento ao construto teórico e a proposta didática das unidades. As unidades propostas pelos grupos foram "O que você come e bebe?", "Transportes públicos", "É hora de trabalhar!". Os procedimentos metodológicos envolveram a releitura de alguns textos e a leitura de algumas anotações feitas no encontro presencial. Após a análise das possíveis necessidades dos estudantes, passou-se à análise do material, à etapa de desenvolvimento e de sua implementação. Para registro, as aulas foram observadas pelas formadoras que fizeram anotações e depois do período de aula proposto, reuniram-se com as formandas para retomar alguns pontos fundamentais do processo de implementação do plano de aula que foram igualmente fundamentais para o ensino de PLE-PLAc.

As atividades foram divididas em blocos que contemplaram as quatro habilidades, seguindo o formato das unidades do PPPLE. Por fim, foi organizado o responsável pelas partes do plano e o revezamento de assistência ao estudante e a interação do mesmo com a classe no momento da realização das atividades propostas. A intervenção dos professores/facilitadores durante as atividades confirmou a afirmação de Leffa (2015, p. 34) sobre a importância da intervenção de cada um no processo de aprendizagem. Essa intervenção auxilia na diminuição do filtro afetivo do estudante com relação à ansiedade e na diminuição do filtro afetivo do professor que teve mais segurança em passar as informações necessárias para aquela atividade. Tudo isso colaborou para que o objetivo da aprendizagem fosse atingido. As atividades elaboradas em módulos e as observações das formadoras, não serão exibidos neste artigo por serem muito detalhadas.

Considerações finais

O curso de Formação Continuada proporcionou aos professores participantes a percepção de um ponto que eles não levavam em conta ao escolher o material para a elaboração do plano de aula, seja para PLM, para PLE ou para PLAc. Perceberam que não tinham a noção do seu próprio filtro afetivo e do quanto a falta desta percepção influenciava na escolha do material didático para a elaboração de seus planos de aula. Todos os participantes, sem exceção, puderam analisar e refletir sobre suas práticas em sala de aula até aquele momento. A observação das diferentes perspectivas que envolvem o ensino de PLE e PLAc foram muito valiosas, por um lado para reforçar essa diferença aos professores que já lecionavam PLE, mas que ainda não conheciam PLAc e, por outro lado, despertou o interesse dos professores de PLM, que não conheciam as diferenças entre PLE e PLAc, por nunca haverem trabalhado com esse ensino.

Este artigo apresentou reflexões parciais de atividades desenvolvidas no Projeto Piloto de Formação Continuada por um grupo de professores formados para o ensino de Português Língua Materna (PLM), mas que atuam no ensino de Português Língua não Materna/Português Língua Estrangeira (PLnM/PLE) e Português Língua de Acolhimento (PLAc). Os campos de estudo que nortearam este estudo foram os ligados à formação de professores, à linguística aplicada ao ensino de PLE e à hipótese do filtro afetivo no ensino de línguas. Observou-se durante o desenvolvimento do Projeto Piloto que a formação acadêmica em Letras, língua portuguesa, e a experiência no ensino de português como língua materna (PLM) não habilitavam o professor a atuar como professor de português língua não materna ou estrangeira (PLnM/PLE). Afirmamos que mesmo que o professor atue na área de ensino de PLE, sem formação específica, ele encontra dificuldades em sala de aula quando do ensino de português como língua de acolhimento (PLAc), pois o público imigrante de PLAc é, em parte, diferente do grupo de imigrantes de PLE e, essa diferença exige reflexão das práticas de sala de aula, análise e revisão de abordagens e metodologias. As questões sobre a relevância do controle do filtro afetivo foram observadas nos momentos de troca de experiências em PLE e no momento da elaboração dos planos de aula para a prática em sala real de estudantes em situação de refúgio.

Diante das dificuldades apresentadas pelos professores participantes do Projeto Piloto de Formação de Professores, confirmou-se a necessidade emergente de se pensar na implantação de um Curso de Extensão, ligado à Pró-reitora de Extensão, que apresente componentes curriculares voltados à Formação de Professores e que contemple as abordagens, as metodologias e as práticas de ensino de PLE e suas subáreas.

Assim, como contribuição, espero que as ações desenvolvidas com este Projeto Piloto de Formação Continuada possam abrir portas para cursos de extensão com pesquisadores que tenham especialização em PLE e que atuem como formadores de professores de PLM para o ensino de PLE e suas subáreas.

Referências

ABRAHÃO, M.H.V. Algumas Reflexões sobre Abordagem Comunicativa, Pós-Método e a Prática Docente. In: Revista Entrelínguas, v.1, n.1, p.25-41, jan/jun. Araraquara: SP. 2015. Disponível em: https://periodicos.fcal.unesp.br/entrelinguas/article/view/8051/5480

ALMEIDA FILHO, J.C.P. A implantação do PLE nas instituições. 2015.

Disponível em:
http://www.siple.org.br/index.php?option=com_content&view=articl
e&id=234:a-
implantacao -do-ple-nas-instituicoes&catid=64:edicao-4&Itemid=109
_____. O Ensino de Português como Língua não Materna: concepções e
contextos de ensino. 1997. Disponível em:
http://www.museudalinguaportuguesa.org.br/files/mlp/texto_4.pdf

AMADO, R. S. O ensino de português como língua de acolhimento para
refugiados. In: Revista da SIPLE, Brasília, ano 4, n. 2, out 2013.
Disponível em:
https://revista.cbtecle.com.br/index.php/CBTecLE/article/view/66/
54

BORGES, E.F do V. Metodologia, abordagens e pedagogia de ensino de
língua(s). In: Linguagem & Ensino, v.13, n.2, p.397-414, jul/dez.
Pelotas: RS. 2010. Disponível em:
www.rle.ucpel.tche.br/index.php/rle/article/view/62

FREIRE, P. 2002. Pedagogia da autonomia: Saberes necessários à Prática
Educativa. Edit. Paz e Terra: São Paulo. Disponível em:
www.forumeja.org.br/files/Autonomia.pdf

GROSSO, M.J e TAVARES, A & TAVARES, M. O português para
falantes de outras línguas: O utilizador independente no país de
acolhimento. Ed. Agência Nacional para Qualificação, I.P. – Portugal.
2009. Disponível em: https://dge.mec.pt/site/

GROSSO, M. J. Língua de acolhimento, Língua de integração. In:
Horizontes de Linguística Aplicada, v. 9, n. 2, p. 61-77, 2010.
http://periodicos.unb.br/index.php/horizontesla/article/view/5665de
fault/files/Basico/Documentos/referencial_independente.pdf

LEFFA, V.J. Como produzir materiais para o ensino de línguas. Disponível
em:http://www.leffa.pro.br/textos/trabalhos/prod_mat.pdf Acesso:
20/03/2018.

PREFEITURA DE SÃO PAULO. Material de Apoio para Educadores do
Projeto Portas Abertas: português para imigrantes. In: Direitos dos
imigrantes e acesso aos serviços públicos municipais. 2017.

SHÜTZ, R. Language Acquisition – Language Learning. Assimilação
Natural – Estudo Formal. In: English made in Brazil. 2018. Disponível
em: http://www.sk.com.br/sk-laxll.html

RICHARDS, J.C.; RODGERS, T.S. Approaches and Methods in Language
Teaching. Cambridge University Press. New York: NY, USA. 1999.
Disponível em:
https://aguswuryanto.files.wordpress.com/2008/09/approaches-and-
methods-in-language-teaching.pdf

5

PORTUGUÊS PARA ESTRANGEIROS EM FOZ DO IGUAÇU E POLÍTICA PÚBLICA DE INTEGRAÇÃO INTERREGIONAL

FRANCISCA PAULA SOARES MAIA

Introdução

O presente texto[1], a partir de um relato sobre a ação de extensão *Português para estrangeiros em Foz do Iguaçu: integração pela diversidade e interdisciplinaridade,* realizado na Universidade Federal da Integração Latino-Americana_UNILA_ tem em si o objetivo geral de mostrar que o ensino de língua adicional, estrangeira, segunda ou de outras línguas tem uma relevância social que vai bem mais além do que se pensa sobre o ensino de uma língua não-materna.

O referido projeto de extensão, desde a sua primeira realização em 2014.2, leva em consideração a necessidade de os cidadãos estrangeiros tanto falantes de espanhol quanto falantes de outras línguas diversas do espanhol residentes em Foz do Iguaçu terem contato com o ensino formal da Língua Portuguesa falada nesse município, que se caracteriza por ser linguístico-culturalmente bastante diversificado, devido à sua localização na tríplice fronteira formada por Brasil-Paraguai-Argentina. A proposta do projeto tem sido favorecer a integração/inclusão linguístico-cultural, uma boa convivência com a língua-cultura do deslocar-se e conviver nesse espaço geográfico fronteiriço, por meio de curso de Língua Portuguesa.

Em sua primeira versão, pensava-se numa oferta em níveis, desde o básico, para os iniciantes, com possibilidade de oferta de intermediário I, para

---

[1] Este texto tem em si parte do que aparece proposto em várias versões escritas do projeto, divulgadas no Lattes da autora e nas páginas de projeto da Universidade Federal da Integração Latino-Americana, Foz do Iguaçu, Paraná, que o sedia.

os que continuassem, e assim por diante. Contudo, devido à fluidez do público alvo, em constante movimento de entrada e saída, e à presença de estudantes de diversos graus de domínio do Português, jamais foi possível uma oferta em nível. Outro fator determinante para isso foi o número de alunos nas turmas e o número de professores bolsistas (geralmente UM) ou voluntários para o atendimento.

A proposta dessa ação desde seu início foi a de ser desenvolvida com embasamento na visão Sociolinguística (LABOV, 2008), a qual favorece o reconhecimento da heterogeneidade linguístico-cultural, da especificidade necessária no atendimento aos diversos falantes-aprendizes e do respeito à diversidade cultural. Essa visão variacionista (MAIA,2013) tem sido determinante na formação dos professores bolsistas/voluntários que nela atuam.

Classificada em princípio como uma ação da área da Educação, ensinar língua Portuguesa como estrangeira a partir de temas com os quais os estrangeiros lidam em seu dia a dia nessa aldeia global, e não só a partir de tópicos linguísticos, acaba por ser de fato interdisciplinar. O diálogo com questões sociológicas, antropológicas, filosóficas e políticas com embasamento nos epistemes científicos é inevitável.

Características do projeto
A diversidade do público alvo

O projeto *Português para Estrangeiros em Foz do Iguaçu: Integração pela Diversidade e Interdisciplinaridade* visa a atender à demanda constante de aprendizagem formal do Português Brasileiro (PB) na cidade de Foz do Iguaçu, localizada na tríplice fronteira Brasil-Paraguai-Argentina, no Estado do Paraná. Trata-se de um curso de extensão que pertence à Universidade Federal da Integração Latino-Americana _ UNILA, na qual se realizam aulas semanais de Língua Portuguesa para a comunidade de Foz do Iguaçu e região. A ação está sempre aberta a inscrições pelos estrangeiros, e mesmo a visitas de quem deseja conhecer o trabalho realizado, como estrangeiros intercambistas, que compareçem um ou dois dias.

Sempre teve por meta ser inclusivo, favorecer o respeito aos diversos povos e línguas-culturas existentes em Foz do Iguaçu; buscar estabelecer uma relação dialógica entre corpo docente e discente no espaço da comunidade desse município; favorecer aos professores aprendizes bolsistas oportunidade de terem uma formação integrada à prática e acompanhada pela coordenação do projeto; proporcionar temas de diálogos que poderão tornar-se alvo de pesquisas linguístico-culturais.

Vem tendo como público alvo falantes hispanos, em sua maioria, como argentinos, mexicanos, colombianos, paraguaios, cubanos, jamaicanos, mas também tem atendidos falantes de outras línguas: haitianos, franceses, senegaleses, chineses e árabes.

Até o presente ano de 2018, esta era a única ação que ofertava ensino formal de Português como língua estrangeira (quer adicional, segunda, outras línguas, etc.) para a comunidade externa, e interna, o que fazia com que o público alvo fosse bastante diversificado em seus objetivos de aprendizagem. Por exemplo, em 2015.1 (primeiro semestre de 2015) estava prevista a oferta regular, quando um cônsul da embaixada paraguaia se apresentou entre os inscritos e foi necessária a abertura de uma turma extra, especial, que ficou conhecida como a Turma do Consulado Paraguaio, a qual contou com a presença de cinco funcionários, e o próprio cônsul. Oferta totalmente gratuita[2], que consistiu numa rica experiência. O interesse não era só em torno de conhecimentos linguísticos do Português Brasileiro, mas principalmente na aquisição do léxico dos documentos brasileiros que fazem parte da rotina do trabalho na tramitação aduaneira paraguaia, como "data", "nascimento", "nacionalidade", "certidão", "óbito", "divorciado/a", nesse campo.

Ainda sobre essa turma de 2015, o projeto foi surpreendido com uma demanda inusitada. Um número razoável de estrangeiros que chegavam para os programas de pós-graduação em nível de mestrado inicialmente se matriculou no curso regular. As aulas eram no turno vespertino. Tudo ia muito bem na aprendizagem formal da língua estrangeira por eles, quando começaram a demandar um trabalho mais específico, como leitura e produção de textos acadêmicos, ou seja, faziam o repasse daquilo que lhes era demandado, mas sem a menor compreensão do planejamento do curso de Português em que estavam. A solução foi a professora Coordenadora, autora desse texto, assumir aulas paralelas, extras ao projeto, juntamente com mais dois colegas de graduação que se voluntariaram para atender às demandas específicas, enquanto no projeto adquiriam conhecimentos linguístico-culturais básicos.

No segundo semestre de 2015, houve a demanda de aulas para alguns paraguaios funcionários da Itaipu Binacional. Enquanto o bolsista atendia o público externo em sala de aula no Centro, dois voluntários davam as aulas para esse grupo de alunos paraguaios no PTI, no intervalo para o almoço, um grande desafio.

Sobre esse período, veja-se trecho do relatório final do discente bolsista:

---

[2] Diferentemente de outras universidades, a UNILA não possui uma Fundação pela qual possa captar recursos financeiros, como taxas de inscrições nas atividades de Extensão, nas Especializações, etc.

Quadro 1 – Relatório[3] discente 2015

O perfil dos participantes da ação se caracteriza por estudantes, trabalhadores e moradores que buscam um maior contato com a Língua Portuguesa. Foram atendidas nesse ano 3 turmas, uma do consulado do Paraguai, que ficou sob responsabilidade do voluntário João Ernesto, outra turma de mestrandos da UNILA sob responsabilidade do bolsista, no primeiro semestre e, no segundo semestre, uma turma de funcionários do PTI (Parque Tecnológico de Itaipu) - Paraguai. Sendo que, as aulas dessa última turma foram realizadas no PTI em sala disponibilizada pelos próprios alunos. A metodologia adotada se diferencia das demais por ter seu principal foco na interação linguístico-cultural na maior parte das aulas (MAIA, 2013), com momentos específicos de sistematização da gramática (GRANNIER, 2003).

Fonte: Arquivo do projeto

Ao longo de 2016, as aulas foram ofertadas no sábado à tarde. Contou com a presença de um professor visitante cubano, de alunos de cursos de especialização da universidade, um mexicano e uma colombiana, com a presença de uma falante de francês e fula, esposa de um professor da UNILA originário do Senegal. Não era grande o número de alunos frequentes, de modo que puderam acompanhar as aulas com atenção, demonstrando prazer na aprendizagem. Na segunda metade do curso, segundo semestre, algumas alunas haitianas, recém chegadas ao Brasil, participaram ativamente do curso[4].

Paralelamente, em horário durante a semana e à tarde, a Coordenadora, com o apoio da bolsista que a substituía devido a reuniões, ofertou curso específico em uma turma para alguns estudantes dos Mestrados que precisavam da aprendizagem formal do PB. Cerca de sete alunos. Nesse espaço, a Coordenadora podia associar o ensino do PB à exploração dos temas que esse alunado pesquisava. Tratou-se de um grande apoio pedagógico a esse grupo, de uma inclusão linguístico-cultural, ou acolhimento, pois muitos reclamavam que em alguns momentos não se sentiam compreendidos pelos professores, visto que alguns não falavam Espanhol.

Também em 2016 houve a demanda de aulas para mulheres árabes. Devido a dificuldades de acesso às aulas na universidade por essas mulheres, foi preciso um trabalho diferenciado. Um haitiano, do curso de Saúde Coletiva da UNILA, que tinha sido aluno de Português Língua Adicional da

---

[3] Faz parte das atividades desempenhadas pelos bolsistas e Coordenadores a elaboração de relatórios parciais e finais. Aqui serão apresentados trechos que mostram a realidade do relato feito.

[4] No segundo semestre de 2018, uma delas estava em uma turma de Engenharia. Conseguiu entrar na UNILA.

Coordenadora na graduação, tinha interesse em trabalhar no projeto, mesmo sem bolsa, como voluntário, pois poderia ajudar outros haitianos que chegassem ao Brasil a aprender o PB em espaço extra ao projeto, foi aceito como voluntário e assumiu as aulas na turma das mulheres árabes. Turma que começou com umas nove estudantes, finalizando com umas quatro. A desistência deu-se quando o curso não parou à época do Ramadã (um mês de jejum e oração de quem é do Islã, que vai de maio a junho). Estudaram[5] durante um ano no projeto, queriam seguir para um nível mais avançado, contudo, devido à limitação de bolsas e o próprio tempo da Coordenadora, que sempre buscou estar presente nas aulas da ação acompanhando os bolsistas, não foi possível.

Nesse ano de 2016 ainda foi ofertado o curso para uma turma de vinte e seis paraguaios trabalhadores da Itaipu. Após uns três meses de troca de emails, conseguimos atender a demanda. Esse grupo ficou conhecido como a Turma da Itaipu, sendo realizadas as aulas no miniauditório da empresa, usando-se um quadro improvisado_ com tripé para palestras. A escrita era feita com o pincel em folha de papel. Havia projetor e som.

Em 2018, o projeto retomou com as aulas à noite, com um público de cerca de 20 matriculados. Contou com hispanofalantes da Argentina, do Peru, da Colômbia; e com falantes de italiano, chinês (uma chinesa) e árabe (homens). Essa turma abriu um grupo de watsup. A comunicação era intensa em PB, sobre coisas do curso e muitas outras coisas. Marcaram passeios extraclasse, divulgaram produtos que vendiam _desde massagem, aulas de yoga, a comidas, móveis, desenho cartográfico_enfim, interagiram muito também virtualmente[6]. Sempre tentando fazer uso efetivo do Português. A maioria ficou junto no curso durante os dois semestres desse ano. Coisa rara, pois acontece de na segunda metade haver uma alternância de público. Ainda houve a chegada de outros estrangeiros, e o fenômeno da "passagem dos venezuelanos", que assistiram aulas duas semanas, revelando um certo desespero na aprendizagem do Português, buscando todos os cursos em que pudessem aprender algo, mas se foram da cidade em pouco tempo, em seu processo migratório.

Em 2019, o projeto deparou-se com uma demanda anunciada em outubro de 2018. Relatada mais adiante.

A abordagem metodológica em desenvolvimento

[5] Uma delas entrou depois em nossa Especialização em Línguas Adicionais, outra era secretária na Escola Libanesa, onde a Coordenadora, em visita posterior, viu uso efetivo do parco material utilizado nas aulas. Lá estavam anotações de vocabulário feito nas aulas, como quadro de tempos verbais, dias da semana, como dizer as horas, etc.

[6] Nos dias dos jogos da Copa 2018 todos ficavam a postos no watsup. Torciam pelos times de seus países e também pelo Brasil, sem animosidades.

Em se tratando da metodologia utilizada no curso, a Coordenadora tem sempre que fazer um grande esforço na orientação da equipe que inicia para não deixar as aulas "caírem" no esquema tradicional de aula de língua estrangeira, a qual geralmente parte dos conhecimentos gramaticais, sendo os textos mero portadores de ocorrências linguísticas a serem explicitadas.

Solicita aos bolsistas que pensem as aulas a partir de temas: moradia, alimentação, esportes, transportes, vestuário, aquecimento global, saúde, turismo, sustentabilidade; sempre a partir de Foz do Iguaçu, mas ampliando em reflexões que vão do nível regional, nacional ao internacional; e outros, de modo a favorecer o *input* lexical necessário aos aprendizes em suas interações cotidianas e no trabalho. Sem a preocupação de qual tempo verbal, por exemplo, vai aparecer. Sem foco no tópico gramatical. Entende-se a língua como um todo a ser "apropriado"_nem aprendido, nem adquirido, mas "apropriado"_ pelo estudante estrangeiro. De modo que a grande preocupação reside em favorecer as interações faladas o tempo todo durante as aulas. Mesmo nos momentos de "foco na gramática", os aprendizes são incentivados a uma relação dialógica e reflexiva, o que os motiva bastante, e gera muito prazer ao longo do curso. A produção escrita surge de forma bem mais tranquila, por já terem o que "dizer".

O trecho de relatório discente a seguir, ilustra essa prática:
Quadro 2 – Relatório – 2015 - Aula temática

Atividades Realizadas:

As aulas eram realizadas em cima de um tema, e através desse tema os alunos tinham a tarefa de produzir textos de opinião, bem como pequenas apresentações orais.

Fonte: Arquivo do projeto

Nas palavras de outro bolsista do ano de 2015:
Quadro 3 – Relatório.2015. Metodologia

O material trabalhado é elaborado com supervisão da coordenadora da ação (Prof. Paula) e são realizadas oficinas de formação e reuniões semanais com todos os membros. A produção falada é um instrumento fundamental e muito utilizada nas aulas. Não trabalhamos com traduções diretas, de modo que é dado ao aluno sinônimos e significados, a fim de fixar a palavra aprendida. A turma contribui para a construção do conteúdo trabalhado, visto que têm espaço para propor ideias e temas para as aulas.

Fonte: Arquivo do projeto

Desse modo, além de textos escritos, são usados pequenos vídeos, os quais a Coordenadora orienta que devem ter menos de cinco minutos de duração, e que as falas estejam bem pronunciadas[7]. Contudo, para os falantes recém

---

[7] É trabalhada pela Coordenadora a técnica de uso de vídeo nas aulas.

chegados ao meio de uso do PB, os primeiros contatos não são fáceis. Estranham. Expressam inquietude. Normal. Pois são jovens ou adultos que já dominam sua língua originária, já têm toda uma relação com o mundo que os cerca nessa língua, e quando se deparam com temas que os motivam a se expressar, se envolvem tanto, que até querem se expressar na língua que dominam. Neste momento, a Coordenadora, ou o/a bolsista/voluntário(a) lembram que o importante é que se expressem em Português. Desse modo vão compreendendo o processo do curso, e muito rapidamente passam a fazer uso da expressão em Português.

Quando iniciam no projeto, bolsista ou voluntário expressam o desejo de retomar as aulas tradicionais, pautadas na explicitação de conhecimentos gramaticais, devido à pressão que o público estrangeiro, acostumado com a tradição, faz, mas são orientados a persistirem com a prática prevista. Após algumas aulas, é possível observar que as entradas lexicais (ou *input*) vão sendo feitos, os paradigmas verbais e nominais vão sendo desvendados, as variações do PB vão sendo alvos de reflexões, tudo em meio a muitas interações entre pares_em duplas, trios, grupos_ ou com os professores. As inseguranças iniciais vão dando lugar a novos conhecimentos e à expressão na língua estrangeira _ Português Brasileiro_ que está sendo aprendida.

Isso aparece expresso nesse outro trecho de relatório de discente de 2018:

Quadro 4 – Relatório – 2018

Procuramos encorajar as mais diversas discussões, sem esquecer da pluralidade dos nossos alunos, que são provenientes dos mais variados países com o intuito de melhorar e aumentar o vocabulário dos mesmos e os preparar para as situações da vida, sempre mantendo o respeito com o próximo a modo que todos de alguma forma possam contribuir com suas experiências e conhecimentos. Ao contrário da maioria dos curso de Português para Estrangeiros, procuramos não focar na gramática ou sistematização da língua, mas sim dar a eles uma base sólida para os mais variados tipos de interação e comunicação com a comunidade. Além de mostrar a eles diversas vezes que não existe erro na língua falada e que devem-se respeitadas as variantes linguísticas, as quais de acordo com Tarallo (1986, p. 08) são diversas maneiras de se dizer a mesma coisa em um contexto e com o mesmo valor de verdade.

Fonte: Arquivo do projeto

Conduzir esse trabalho desde seu início, atendendo a demandas tão diversas, sob essa visão só é possível após anos de pesquisa na área[8], lendo sobre os vieses de ensino de língua estrangeira: métodos (LEFFA, 1988; MAIA & BEMFICA, 2016), avaliação (GROSSO *et allii*, 2011; SCHOFFEN, 2009), recursos/materiais didáticos (SELLAN, 2011; ALMEIDA FILHO & LOMBELLO, 1989), interferências linguísticas (ROCHA & ROBLES,

---

[8] A formação da Coordenadora começou em 1988, quando foi bolsista de PLE, na Universidade Federal de Minas Gerais por 3 anos, sendo também orientada em pesquisa da área, e recebendo forte influência da Sociolinguística Laboviana.

2017), etc., fazendo observações ao longo dos cursos ministrados, recebendo os relatórios dos professores bolsistas/voluntários que participam do projeto. Algumas observações já se encontram sistematizadas (MAIA & LIMA, 2017; MAIA *et alii*, 2015).

Os desafios

O primeiro grande desafio que o projeto se coloca é o de ser interdisciplinar, em um contexto educacional em que predomina uma prática compartimentalizada dos conhecimentos da humanidade. Ser interdisciplinar nesse projeto significa ter discentes bolsistas de diversos cursos da UNILA dando aulas, e não só de Letras Licenciatura; bem como na abordagem temática, não só com foco na gramática. Constitui-se numa grande riqueza na hora de abordar temas da atualidade. Por outro lado, isso significa que é preciso um acompanhamento "de perto" por parte da Coordenadora em se tratando de conhecimentos linguísticos, que durante as reuniões do projeto alerta para as possíveis dificuldades encontradas pelos estrangeiros. Podem ser citados vários cursos da UNILA já representados no projeto por seus discentes: Desenvolvimento Rural e Segurança Alimentar; Letras Artes e Mediação Cultural (Bacharelado); História-América Latina (Bacharelado); Saúde Coletiva; Biotecnologia; Relações Internacionais; Engenharia Civil. Há também a presença de discentes bolsistas da licenciatura bilingue da UNILA, Letras: Espanhol e Português como Línguas Estrangeiras, que, por suas características, também apresenta a demanda de um acompanhamento mais "de perto" pela Coordenadora, quando há o foco nos conhecimentos linguísticos, quer nas reuniões de orientação, refletindo-se em conjunto sobre a aula preparada, quer na colaboração direta durante as aulas. Esse último modo de ação da Coordenadora é o que os bolsistas/voluntários mais gostam, pois vivenciam a didática variacionista.

Outro grande desafio presente na orientação e na realização desse projeto é que em geral a aprendizagem formal de uma língua estrangeira se dá por meio de métodos bem diversos ao que se tem relatado aqui. Isso faz com que os professores bolsistas/voluntários iniciem o projeto com a visão de que ensinar língua estrangeira é ter foco no ensino explícito de conhecimentos gramaticais, e junto com esse pensamento vem a ideia de "certo" e "errado", ou seja, a questão discutida em Maia (2009), texto que tem sido o primeiro a ser visto por quem chega ao projeto.

Contudo, o maior desafio tem sido o movimento de entrada e saída dos bolsistas, tendo em vista que as bolsas cobrem no máximo dois semestres letivos. Poderiam renovar, se submetendo a outra seleção, mas há também o fato de ser um projeto que exige formação constante, reuniões constantes, dedicação na elaboração de materiais para as aulas, visto que não se adota livro didático de PLE, até mesmo pela dificuldade de se lidar com a compra-venda, o que faz com que os bolsistas e voluntários fiquem no máximo um ano.

Segue trecho de relatório discente que remete às questões acima:

Quadro 5 – Relatório discente – 2018

Durante o ano lemos textos e reflexionamos também acerca do papel do professor dentro da sala de aula, o qual vai muito além da simples ideia de que ele é apenas o transmissor e portador de todo o conhecimento. Além de lermos, refletirmos e discutirmos acerca de tais textos, ainda quando era iniciantes no projeto também assisti às aulas ministradas pela aluna que já estava no projeto há mais tempo, e portanto já obtinha embasamento e um preparo maior para tal tarefa, e nós buscávamos ter os primeiros contatos com os alunos, uma vez que são estrangeiros advindos cada um de um lugar, possuidores de diferentes culturas etc. Buscávamos também observar os métodos que ela utilizava, às vezes auxiliá-la com novas ideias ou até mesmo críticas, que por sua vez se fazem importante e colaboram para o crescimento e aprendizado geral do grupo. Através das aulas assistidas também pudemos perceber os temas que eram abordados, as dúvidas frequentes dos alunos, as abordagens gramaticais que podemos e devemos fazer, sempre com cuidado para não assustá-los entre outros aspectos. Através do projeto também pude perceber a importância de tomar cuidado e até mesmo rever nossas noções quanto as ideias de certo e errado, ainda mais tratando-se do contexto de ensino de línguas adicionais, pois são simples palavras que carregam consigo fortes valores e que podem ter mais de um significado e consequência de acordo com o contexto e o público.

Fonte: Arquivo do projeto

A rotatividade no projeto demanda que a formação de bolsistas/voluntários tenha novo começo sempre, a cada um/a que chega, devido à visão embasadora. Entretanto, mesmo fazendo-se essa formação, isso não garante uma execução isenta da prática tradicional. Pode acontecer de haver uma aula só de prática de exercício gramatical, atendendo à demanda dos estrangeiros, pois, para muitos, se não tem aulas assim, não é aula de língua estrangeira, o que remete a outro desafio, próprio da área: a pesquisa em torno de conhecimentos linguísticos. Há muito ainda para ser feito para o ensino de PLE.

A seguir será feita uma correlação entre a realização desse projeto e a questão de política pública, levando-se em consideração a "inclusão cidadã" do estrangeiro.

Por uma política pública de integração interregional
A demanda específica

Antes de entrar na área das políticas públicas, propriamente dita, cabe o relato sobre o projeto desse ano de 2019, e sua especificidade. Atualmente o projeto conta com uma discente bolsista, dois discentes voluntários, e uma professora colaboradora. Essa equipe dá aulas para turmas que vão de 32 a 48 alunos, na Sociedade Beneficente Islâmica. Foram organizados em dupla, sendo que cada turma tem um(a) professor(a) à frente, como referência, e outro(a) de apoio, além da Coordenadora.

A sala de aula é o próprio salão do templo onde fazem orações, mas que também é usado para eventos como palestras e encontros comemorativos ou de confraternização. As cadeiras não são de escola, as mesas são de eventos, dispostas lado a lado. É tão amplo o espaço que é preciso uso de microfone. Conta com projetor e lousa branca para escrita com pincel.

A procura de árabes pelas aulas de Português nasce da parceria entre esse projeto e o de ensino de língua árabe[9] (iniciado em 2015, segundo semestre). Entretanto, nunca se teve um público atendido de quase 200 pessoas. Porém, alguns fatores levam a essa situação. Primeiro, em 2018 o INEP[10] reduz a oferta do Celpe-Brás, exame que até então era exigido para a naturalização no Brasil, de duas vezes para uma ao ano, o que gera instabilidade na vida de um grande número de estrangeiros impedidos de se naturalizar.

Em outubro de 2018, cerca de 40 homens árabes procuram aulas de Português na UNILA, no projeto. Porém, a extensão tem suas normas, e uma delas é a de ter 75% de frequência para obtenção do certificado_ documento que precisavam para abrir processo de naturalização. São informados de que terão que aguardar a abertura do projeto do ano seguinte.

A Coordenadora passa então a planejar o projeto para 2019, sem saber que haveria uma procura tão grande. Dificuldades mil: local das aulas; inscrição; organização das turmas; tempos das aulas; produção de material; acompanhamento de bolsista e voluntários nas aulas; dentre outras.

Toda essa demanda tem explicação na Portaria que o MEC havia lançado, segundo a qual "a comprovação da capacidade de se comunicar em Língua Portuguesa" passa a ser feita de outras formas, e não mais somente pela aprovação no Celpe-Bras[11]. Merecem destaque as alíneas "d" e "e" do documento, parte reproduzida a seguir:

Quadro 6 – A nova Portaria

---

[9] Projeto intitulado *Árabe, Arabismo e Islamismo na Tríplice Fronteira*
[10] Instituto Nacional de Estudos e Pesquisas Educacionais Anísio Teixeira
[11] Certificado de Proficiência em Língua Portuguesa para Estrangeiros

Art. 2º A Portaria Interministerial nº 11, de 3 de maio de 2018, passa a vigorar com a seguintes alterações:

"Art. 5º Para a instrução do procedimento previsto no inciso I do art. 1º, a comprovação da capacidade de se comunicar em língua portuguesa se dará, consideradas as condições do requerente, por meio da apresentação de um dos seguintes documentos:

I - certificado de:

a) proficiência em língua portuguesa para estrangeiros obtido por meio do Exame Celpe-Bras, realizado pelo Instituto Nacional de Estudos e Pesquisas Educacionais Anisio Teixeira - INEP;

b) conclusão em curso de ensino superior ou pós-graduação, realizado em instituição educacional brasileira, registrada no Ministério da Educação;

c) aprovação no exame da Ordem dos Advogados do Brasil - OAB aplicado pelas unidades seccionais da Ordem dos Advogados do Brasil;

d) conclusão de curso de idioma português direcionado a imigrantes realizado em instituição de ensino superior reconhecida pelo Ministério da Educação; ou

e) aprovação em avaliação da capacidade de comunicação em língua portuguesa aplicado por instituição de ensino superior reconhecida pelo Ministério da Educação na qual seja oferecido curso de idioma mencionado na alinea "d":

Fonte: PORTARIA INTERMINISTERIAL Nº 16, DE 3 DE OUTUBRO DE 2018 - Imprensa Nacional

Pode-se visualizar no quadro 6 acima que o governo passa a aceitar a certificação expedida por cursos como o oferecido pelo projeto em processos de naturalização, o que justifica tamanha demanda. Por sua vez, cabe à Universidade ajustar-se para atendê-la. Contudo, parece que essa Portaria nem mesmo havia sido enviada à Pró-Reitoria de Extensão, que, como tudo em uma universidade nova, tem suas dificuldades de execução; ou pode-se aventar mais uma hipótese: a de ter sido enviada à Pró-Reitoria de Relações Internacionais, e não ter sido repassada ao grupo que executa a política linguística, por meio dos projetos.

A política pública

Cabe neste momento, inicialmente, refletir sobre a definição do conceito de políticas públicas, o qual é bem complexo do ponto de vista semântico. Se por um lado é considerada a atividade de quem conduz ou aspira a conduzir os assuntos públicos, por outro, definida como a ciência do governo das nações; sistema particular de um governo; modo de haver-se em assuntos particulares, a fim de se obter o que se deseja. Nessa acepção, Hogwood (1984) considera uma definição muito subjetiva.

A literatura especializada existe uma grande quantidade de definições do conceito de política pública, as quais têm em comum a ação governamental em torno de um problema, uma demanda social. Ainda nas definições existentes se pode considerar quatro elementos centrais que permitem identificar a existência de uma política pública: ação do governo; percepção do problema; definições de objetivos e processos (SOUZA, 2006). Desse modo, é possível dizer que uma política pública existe sempre e quando instituições estatais assumem total ou parcialmente a tarefa de alcançar objetivos estimados como desejáveis ou necessários, por meio de um processo destinado a mudar um estado de coisa percebido como problemático.

A importância das políticas públicas reside nas funções que cumprem na sociedade, já que têm em suas mãos os processos de planejamento e estratégias de desenvolvimento social, ou seja, tudo o que diz respeito ao Homem e à sociedade. Portanto, pode ser classificada como uma ciência do Homem e para o Homem. Requer pessoas especializadas de várias áreas dos conhecimentos sociais para seu desempenho, ou seja, pessoas com a devida formação em sua especialidade. Em se tratando do ensino-aprendizagem de línguas estrangeiras no mundo global, podem-se identificar algumas medidas do governo brasileiro com ações de política pública na área, como é o caso das Políticas Linguísticas, a qual por meio de Linguistas de diversas vertentes - Aplicada, Variacionista, Interacionista - atua em prol da internacionalização.

Isto posto, é relevante relacionar o ensino realizado pelo projeto de *Português para Estrangeiros em Foz do Iguaçu: integração pela diversidade e interdisciplinaridade* a um fazer de política pública, uma vez que visa a instrumentalizar o estrangeiro com a língua e a cultura local, favorecendo sua inserção na comunidade, sua sobrevivência no ir e vir, nos vários afazeres do cotidiano, bem como possibilitando que tenha acesso ao mercado de trabalho, no qual precisará se comunicar tanto pela fala, quanto por escrito; falando, ouvindo, escrevendo, lendo, interagindo nos vários gêneros textuais[12] que circulam na sociedade. Exemplo dessa relação pode ser dado com a Turma do Consulado, ou com a Turma da Itaipu; ou ainda com o caso das mulheres árabes, que buscaram (e buscam) o curso para desempenhar funções na Escola Libanesa, ou em outros locais da cidade (como por exemplo, mas não só, no comércio, ajudando os maridos).

Contudo, não é só entre o povo árabe que o projeto tem cumprido seu papel de inclusão dos cidadãos estrangeiros na comunidade foziguaçuense. Menção seja feita aos haitianos e falantes hispanos vindos de países como a Colômbia, a Argentina, e até do próprio Paraguai; bem como da Itália, da França, do México, da China; enfim, estrangeiros de diversas etnias têm procurado uma aprendizagem formal do Português Brasileiro[13] com o

---

[12] Sobre gêneros textuais veja-se Marcuschi (1997).
[13] É relevante destacar que também é grande a procura pelo curso de Espanhol, sob outra Coordenação.

objetivo de poder trabalhar, estudar, constituir família, enfim, se instalar nessa cidade trifronteiriça, permanente ou temporariamente.

É importante esclarecer que não basta o ensino de Português como língua estrangeira para se estar fazendo política pública. Esse fazer se dá quando ocorre em função do "acolhimento" do estrangeiro, de sua inclusão enquanto ser humano que passa a compreender e a respeitar as práticas sociais de uma comunidade; bem como que também se faz compreendido e respeitado por essa comunidade, tornando-se um "cidadão" nesse espaço, principalmente quando atende a leis de migração, como é o caso de comprovação do aprendizado da língua para fins de naturalização, ou mesmo, de visto para permanência no país.

Resultados obtidos

Não é tarefa simples, nem fácil dimensionar os impactos de uma ação social, de modo que podem ser mencionados, em vez disso, alguns resultados passíveis de observação: na instituição; na formação dos discentes que participam do projeto; na comunidade foziguaçuense.

Na instituição, o projeto vem colaborando para a inclusão linguístico-cultural de discentes nos cursos de graduação (como os haitianos); de pós-graduação; de docentes estrangeiros que chegam à Universidade. Tem sido espaço também de formação de futuros professores na área (Português como Língua Estrangeira), recebendo estagiários do curso de Letras Licenciatura; bem como na formação dos discentes que participam do projeto.

Em 2018, o projeto recebeu quatro estudantes da primeira turma do curso de Letras: Português e Espanhol como Línguas Estrangeiras – Licenciatura, em momento de estágio de observação, sendo a Coordenadora o projeto a Orientadora e também supervisora do Estágio. Segue a fala de uma delas:

Quadro 7 – Relatório de Estágio Docente

No estágio supervisionado III, tive a experiência de estar em uma sala de aula apenas de estrangeiros, todos aprendendo o Português o que para mim foi algo muito interessante, pois estava reunida na sala de aula uma diversidade cultural e linguística havendo uma troca mútua de conhecimentos de vários lugares. Pude estar realizando um excelente trabalho para o meu futuro, pois como para mim era a primeira vez de estar em uma sala de aula apenas de estrangeiros aprendendo o Português é nesse momento que cai um pouco a ficha da atuação na área. A instituição de ensino trabalha com a missão de criar oportunidades em que todos possam ser respeitados nas suas diferenças e que ocupem espaços na sociedade e desenvolvam suas potencialidades, despertando o interesse para formação da cidadania, enfocando a sua ética, valores, independência e a sua autoestima como cidadão. O Projeto de Extensão do Programa de Línguas vinculado a PROEX-UNILA denominado: Português para Estrangeiros em Foz do Iguaçu: integração pela diversidade e interdisciplinaridade. A seguir passarei a descrever o seu papel.

Fonte: Arquivo da autora

Na comunidade foziguaçuense, pode-se mencionar o atendimento recente a quase 180 árabes, entre homens e mulheres, que buscaram a ação com objetivos de aprender mais o Português Brasileiro, ou de respaldar sua proficiência e assim obter um certificado que lhes fosse útil para a naturalização no Brasil. Além dessa ação, o projeto encontra-se sempre aberto a acolher o estrangeiro que dele precisar, a qualquer momento, visto que é um trabalho realizado em multinível.

Considerações Finais

Por meio deste texto, de forma abreviada, a meta foi por em evidência que o projeto relatado tem ido muito mais além de um ensino de Português como Língua Estrangeira. Trata-se de uma ação de acolhimento e de política pública.

De acolhimeto ao receber em fluxo contínuo todos os que dele necessitam de aprendizado formal do Português Brasileiro falado na região ao longo do ano. Prática essa meio contrária à tradicional, segundo a qual há períodos fixos_ e geralmente extensos_ de início e de conclusão dos cursos na área.

De política pública ao procurar inserir o "estrangeiro" na cidadania brasileira, por meio do acesso à língua-cultura local, em obervância inclusive à lei de naturalização de imigrantes, conforme apresentado acima.

Graças às pesquisas que vem sendo realizadas por meio de leituras previstas como atividades dos bolsistas/voluntários, das reflexões feitas nas reuniões do projeto com a Coordenadora, novos conhecimentos foram sendo produzidos e foram favorecendo o avanço na prática aqui relatada, bem como abriu o projeto como espaço de formação de futuros docentes na área, por meio do estágio.

As pesquisas seguem. Leituras, produções, reflexões, práticas, observações, novas proposições. Porque o fazer docente reside nisto: pesquisar sempre. Propor novos caminhos, novos espaços, sempre.

Referências

ALMEIDA FILHO, J.C.; LOMBELLO, L.C. *O ensino de Português para estrangeiros: pressupostos para o planejamento de cursos e elaboração de materiais.* Campinas, Pontes Editores, 1989.

LEFFA, V. J. Metodologia do ensino de línguas. In BOHN, H. I.; VANDRESEN, P. *Tópicos em linguística aplicada: O ensino de línguas estrangeiras.* Florianópolis: UFSC, p. 211-236, 1988.

GROSSO, *et alii.* QUAREPE: documento orientador. 2011. Em: https://cepealemanha.files.wordpress.com/2010/12/manual_quarepe_orientador.pdf Acesso em 28/jan/2018.

HOGWOOD, B.; GUNN, L. *Policy Anaysis for the Real World.* Oxford University Press. Oxford. 1984.

LABOV, W. *Padrões sociolinguísticos.* São Paulo. Parábola. 2008.

MAIA, F. P. S.. O "Erro" Linguístico a partir de uma perspectiva Sociolinguística Laboviana no ensino de Português/Le. In: *V CIEL*, 2009, Ponta Grossa-PR. V CIEL - Anais, 2009.

MAIA, F. P. S.. Sociolinguística Aplicada ao Ensino-Aprendizagem de Português Língua Estrangeira. In: SILVA,K.A.; SANTOS,D.T.. (Org.). *Português como Língua (Inter)Nacional: Faces e Interfaces.* 1ed.Campinas: Pontes Editores, 2013, v. , p. 335-345.

MAIA, F. P. S.; Lima, M.C. . Português para Estrangeiros em Foz do Iguaçu: o cotidiano como método de ensino. REVISTA PHILOLOGUS, v. 68, p. 145-156, 2017.

MAIA, F.PS.M; BEMFICA, S. Métodos de ensino de língua estrangeira: contextos históricos e aplicabilidade. In: GONÇALVES, L. (Org.). Fundamentos do Ensino de Português como Língua Estrangeira 1. ed. Roosevelt - New Jersey: Boa Vista Press, v. 1, p. 51-61, 2016.

MAIA, F. P. S. ; TRAVESSINI, D.M. ; SOUZA, V. B. ; KIILL, D. . Português para a integração. REVISTA PHILOLOGUS, v. 63, p. 1775-1779, 2015.

ROCHA, N.A.; ROBLES, A. M. del P.A. Interferências linguísticas na interlíngua em alunos hispanofalantes de português como língua estrangeira. *Revista de Estudos da Linguagem*, Belo Horizonte, v.25, n.2, p. 641-680, 2017.

SCHOFFEN, J. R. *Gêneros do discurso e parâmetros de avaliação de proficiência em português como língua estrangeira no exame Celpe-Bras.* 2009. Tese de Doutorado, Universidade Federal do Rio Grande do Sul, Porto Alegre, 2009.

SELLAN, A. R.B. Recursos Didáticos em ambientes autênticos para o ensino de PLE. Em: http://www.siple.org.br/images/2013/AnaisConsiple2011/trabalhos/RECURSOS%20DIDATICOS%20EM%20AMBIENTES%20(2).pdf Acesso em 28/jan/2018

SOUZA, Celina. Políticas Públicas: uma revisão na literatura. *Revista Sociologias.* Porto Alegre, ano 8, n° 16, jul/dez 2006, p. 20-45.

6

BASES PARA UMA TERMINOLOGIA GERAL DE LINGUÍSTICA E LETRAS

JOSÉ PEREIRA DA SILVA

Introdução

Com o título provisório "Bases para um Dicionário Terminológico Linguístico-Gramatical", foi reiniciado em 2017 o projeto de organização de um dicionário enciclopédico de terminologia das principais especialidades das áreas de letras e linguística, com a intenção de compilar todos os principais trabalhos do gênero, publicados em português, incluídas as obras traduzidas, desde o *Dicionário Gramatical* de João Ribeiro (final do século XIX) até as mais recentes publicações disponíveis.

Trata-se de um de meus projetos antigos, não implementado efetivamente, por ter assumido muitas atribuições, que resolvi deixar para concluir pelo menos parte desses projetos, interrompidos há anos.[1]

O ponto de partida da compilação foi o "Dicionário Gramatical Português", de Sílvio Edmundo Elia, primeira parte do *Dicionário Gramatical,* da Editora Globo, que inclui também as terminologias gramaticais francesa, inglesa, espanhola, italiana, latina e grega

Pretende-se que todos os dicionários de termos linguísticos, filológicos, gramaticais e literários disponíveis em português sejam inseridos nessa obra, que já tem mais cinco mil páginas digitadas, incluindo os dicionários de: Algirdas Julius Greimas e Joseph Courtés (2012), Cândido de Oliveira (1967), Carly Silva (1988), Castelar de Carvalho (2010), Celso Pedro Luft (1972), Clóvis Osvaldo Gregorim (1996), David Crystal (1988), Edmundo Neiva

---

[1] Apesar de eu pretender viver muitos anos ainda, não sei até quando terei forças para continuar trabalhando, nem qual será o ritmo de decréscimo de produção nos próximos anos.

(2013), Franck Neveu (2008), Gilio Giacomozzi et al. (2004), Jean Dubois et al. (1998), João Ribeiro (1906), Joaquim Matoso Câmara Jr. (1968), Marcos Bagno (2017), Maria Margarida de Andrade (2009), Massaud Moisés (2004), Napoleão Mendes de Almeida (1998), Orlando Mendes de Morais (1965), Patrick Charaudeau e Dominique Maingueneau (2006), Renato Aquino (2016), Robert Lawrence Trask (2015), Sérgio Roberto Costa (2018), Sílvio Edmundo Elia (1962), Tassilo Orpheu Spalding (1971), Thaïs Cristófaro Silva (2011), Valdir do Nascimento Flores et al. (2018), Vittorio Bergo (1960), Walmírio Macedo (2012) e Zélio dos Santos Jota (1981), entre outros.

Serão incluídos os conceitos linguístico-gramaticais utilizados nas gramáticas de alguns dos autores adotados mais frequentemente no ensino superior dos cursos de letras, como Ataliba T. de Castilho, Celso Cunha e Lindley Cintra, Evanildo Bechara, José Carlos de Azeredo e Rocha Lima.

As referências bibliográficas que abonam ou exemplificam a terminologia registrada se aproximam de cinco mil títulos, com possibilidade de ultrapassar esse número até o final da compilação do material. Por este motivo, mas também porque se pretende apresentar uma contribuição diferenciada nessa obra, os nomes dos autores são referidos por extenso no corpo do texto. Assim, além de evitar a confusão homonímica frequente por causa do grande número de obras e autores citados, é oferecida a relação dos nomes completos dos autores, tradicionalmente referidos apenas pelo último nome.

Alguns outros elementos diferenciadores serão acrescidos, tais como a necessária atualização ortográfica, as remissões aos autores no corpo do texto por seus nomes completos (que será uma contribuição especial a muitos consulentes), assim como a sua datação cronológica, indicando os anos de nascimento e morte, exceto dos autores vivos até a época da pesquisa, visto que há pessoas que não gostam de revelar sua idade.

Trata-se de uma obra de referência, cuja edição, provavelmente, será apenas em suporte eletrônico, porque o custo para uma edição em suporte impresso será muito alto e porque acreditamos que a publicação virtual poderá ser mais útil aos estudantes e pesquisadores do que uma edição impressa, de alto custo e difícil manuseio e utilização.

Como primeiro produto derivado dessa pesquisa, estará saindo, em breve, a primeira edição do *Vocabulário Terminológico Geral de Linguística e Letras,* pela Editora Autografia, com lançamento na Festa Literária Internacional de Paraty, de 10 a 14 de julho deste ano de 2019.

A terminologia

Como ciência interdisciplinar, a terminologia é parte da lexicografia e se preocupa com as mais diversas especialidades. Pouquíssimas vezes são reunidas em uma mesma obra a terminologia de mais de uma especialidade.

Assim, por exemplo a *Nomenclatura Gramatical Brasileira* (NGB)*, do mesmo modo que a *Terminologia Linguística para os Ensinos Básico e Secundário* (TLEBS), relacionam os termos básicos para o ensino fundamental e médio da língua oficial, sugeridos e apoiados pelo Estado. No entanto, para o profissional das áreas de linguística e letras e para o ensino superior, essa terminologia é muito mais abrangente e não tem, nem pode ter, esse controle ou interferência do Estado como poder público.

Nos casos referidos da NGB e da TLEBS, trata-se de uma questão de política linguística e pedagógica, assim como o é a ortografia, nas línguas oficiais, que atualizamos em 1990, com o *Acordo Ortográfico da Língua Portuguesa*.

Segundo Greimas e Courtés (2012),

> Denomina-se *terminologia* um conjunto de termos, mais ou menos definidos, que constituem, em parte, um socioleto. Uma terminologia, cujos termos são interdefinidos e cujas regras de construção são explícitas, é suscetível de transformar-se em metalinguagem (GREIMAS; COURTÉS, 2012, p. 501).

Assim, temos *Dicionário de Gêneros Textuais, Dicionário de Ciências da Linguagem, Dicionário de Semiótica, Dicionário Crítico de Sociolinguística, Dicionário de Análise do Discurso, Dicionário de Linguística, Dicionário de Gramática, Dicionário de Linguística da Enunciação, Dicionário de Termos Literários* etc. São mais raros os dicionários terminológicos que tratam de mais de uma especialidade, como são o *Dicionário de Filologia e Gramática, Dicionário de Linguística e Gramática, Dicionário de Linguística e Fonética, Dicionário de Fonética e Fonologia, Dicionário de Linguagem e Linguística* e *Dicionário Houaiss de Comunicação e Multimídia*.

Entretanto, todos eles utilizam termos comuns em mais de uma especialidade, porque essas especialidades se desenvolveram a partir de um ramo mais amplo dos estudos da linguagem, interligando-se muito intensa e intimamente.

Tanto é assim que, apresentando o seu *Dicionário Houaiss de Comunicação e Multimídia,* Eduardo Neiva (2013) lembra que

> A terminologia técnica advém de áreas diversas: da fotografia, das artes gráficas, da editoração, do cinema, da televisão, da música, do rádio e de outras formas da cultura de massa, bem como da internet e das comunicações em rede, como no caso da palavra *barcode,* além de gírias empregadas em locais de trabalho, caso de *back ofifce* por *back office* (NEIVA, 2013, p. x).

Por isto, em geral, os dicionários terminológicos fazem um recorte de uma disciplina específica ou uma especialidade dentro dela, como é o caso dos dicionários de termos literários, de semiótica, de gramática, de sociolinguística, de gêneros textuais, de comunicação e multimídia etc., acima referidos.

Raramente se aventura por um dicionário terminológico abrangente para uma área que inclui várias disciplinas ou especialidades como as de linguística e letras, para as quais servirá de base esse material que está sendo compilado e organizado.

Naturalmente, é preciso que isto fique claro: o que estamos preparando não é propriamente um "dicionário terminológico", mas uma compilação de verbetes de "dicionários terminológicos" para servirem de base para os autores que se aventurarem a redigir um dicionário de qualquer especialidade dos estudos da linguagem, pelo menos das especialidades que até o momento estão sendo estudadas na maioria de nossos cursos de letras.

Também é comum a terminologia se preocupar com a atualidade, deixando de registrar termos arcaicos ou arcaizados, apesar de serem encontrados com bastante frequência nas obras especializadas, principalmente em obras reeditadas, o que tentamos superar, incluindo todos esses dados, na medida do possível.

Apesar de nossa preocupação ser com a terminologia em língua portuguesa, ocorrem alguns termos estrangeiros mais comuns em publicações brasileiras e portuguesas, como *ablaut, Aktionsart, art nouveau, Basic English, chat, belles-lettres, codex, commiato, recensio* etc. Isto ocorre porque esses estrangeirismos são relativamente frequentes em obras especializadas, dentro das áreas de linguística e letras.

Bases para um dicionário terminológico não é um dicionário terminológico

Na obra que está sendo preparada agora, a terminologia está sendo tratada com a pretensão de abranger todas as especialidades, tais como análise crítica do discurso, análise da conversação, análise do discurso, bibliologia, comunicação, crítica literária, crítica textual, dialetologia, ecdótica, editoração, estilística, filologia, filosofia da linguagem, fonética, fonoaudiologia, fonologia, gêneros textuais, geografia linguística, geolinguística, gramática, informática, linguística textual, linguística, multimídia, poética, psicolinguística, semiótica, sociolinguística, teoria da literatura, teoria literária, versificação etc.

Com a pretensão de registrar também as terminologias que já caíram ou estão caindo em desuso, assim como as que só agora estão começando a aparecer em uma ou outra obra especializada, tornou-se importante a datação das obras em que tais termos foram encontrados para exemplificação, visto que alguns desses termos são extremamente recentes e ainda pouco divulgados, assim como há outros que já não são usados há bastante tempo, apesar de sua frequência em obras clássicas de certas disciplinas ou especialidades.

Por isto, com a máxima frequência possível, é informada a obra da qual foi coletado o termo e, quando possível, quem o utilizou pela primeira vez ou quem o vulgarizou como termo técnico da especialidade.

Muitos dos termos científicos já eram palavras correntes na língua, que passaram a ser utilizadas com sentido específico dentro de determinada especialidade e contexto, de forma a parecer, à primeira vista, que o "vocabulário terminológico" incluiu termos que não têm a ver com as terminologias em questão, como pode ser visto no *Vocabulário Terminológico Geral de Linguística e Letras* (VTGLL)[2].

Quanto à metodologia de organização de um dicionário terminológico, tentaremos demonstrar, na aula-conferência, com exemplos extraídos do *corpus* da pesquisa em andamento.

Considerando o público alvo (estudantes e profissionais das áreas de linguística e letras usuários da língua portuguesa) em todas as suas especialidades, nosso suporte bibliográfico será o conjunto dos dicionários terminológicos disponíveis, publicados em português, inclusive os que resultam de traduções, desde o *Dicionário Gramatical* de João Ribeiro (século XIX) até os que acabam de ser lançados.

A seguir, vejamos as diferenças básicas entre a terminografia e a lexicografia a partir da contribuição das professoras Lídia Almeida Barros (da UNESP) e Anna Maria Becker Maciel (da UFRGS), questionadas por Claudia Xatara, Cleci Regina Bevilacqua e Philippe René Marie Humblé, em seu livro *Dicionários na Teoria e na Prática*.

Aspectos diferenciam a terminografia da lexicografia

Segundo Lídia Almeida Barros (in XATARA; BEVILACQUA; HUMBLÉ, 2011, p. 143-145), diversos aspectos diferenciais caracterizam o trabalho terminográfico e o lexicográfico, assim como das obras terminográficas e lexicográficas, mas três aspectos são considerados fundamentais: "as diferenças de objeto de estudo, a expressão dessas diferenças no produto resultante do trabalho dessas áreas e a metodologia de estudo" (*idem, ibidem,* p. 143)

Ou seja: enquanto a terminografia elabora dicionários que contemplam termos de áreas técnicas, científicas e especializadas, a lexicografia elabora dicionários de língua geral e especiais, que registram um tipo de unidade lexical ou fraseológica, como os de expressões idiomáticas, de sinônimos etc. Excepcionalmente, no entanto, "os dicionários didáticos têm sido objeto de estudo mais específico da lexicografia pedagógica, mas também podem ser elaborados para ensino de terminologias de áreas técnicas e científicas" (*idem, ibidem*, 144).

O verbete de um dicionário terminológico só registra as acepções que o termo possui dentro do domínio das especialidades estudadas, enquanto um dicionário de língua apresenta todas as possibilidades de significação e de realização da unidade léxica na língua. Mas, facultativamente, ambos podem trazer informações sobre registros populares, familiares etc. da unidade, sentidos conotativos ou figurados, etimologia e outros aspectos.

---

[2] Disponível em: <http://www.josepereira.com.br/ /VTGLL.pdf>

No material que estamos organizando, não é incluída a classificação das palavras nem a etimologia, porque são poucos os terminólogos que fazem esses registros, e porque teríamos dificuldade de uniformizar os verbetes neste particular, principalmente quanto à etimologia.

Na organização de um dicionário (terminológico ou lexicológico), é indispensável a escolha do público-alvo e dos objetivos da obra, pois esses elementos são necessários para decidir sobre o formato e o nível de cada verbete. Isto é importante porque daí também deverá resultar a escolha do corpus que fornecerá os dados para a elaboração dos dicionários. O tipo de suporte também definirá várias características dessas obras, principalmente quanto à forma de remissão, tanto interna quanto externa.

Hoje, a metodologia do trabalho terminográfico e do lexicográfico é onomasiológico em alguns aspectos e semasiológico em outros, bastante semelhante em ambos.

Maciel (2011, p. 145-147), por sua vez, acredita que "a obra lexicográfica e a terminológica são instrumentos de consulta rápida que permitem obter informações sobre o significado e as características de uso de uma palavra".

No entanto, enquanto a lexicografia tende a inventariar o mais amplo conjunto possível do léxico de uma língua e se dirige a todos os falantes de uma língua, a terminologia registra os termos utilizados na comunicação de uma área científica, técnica, profissional ou artesanal e visa àqueles que se interessam pelo tema. Sendo assim, portanto, divergem quanto à abrangência e quanto ao usuário (Cf. MACIEL, in XATARA; BEVILACQUA; HUMBLÉ, 2011, p. 145). Maciel acrescenta também que

> As duas obras podem se inserir em um mesmo quadro referencial teórico sobre a língua e suas funções, mas a perspectiva em que cada uma considera a palavra implica escolhas sobre a estrutura e o funcionamento dos produtos a serem elaborados. A obra terminológica identifica as palavras que referem conceitos de um dado domínio temático. A obra lexicográfica registra as palavras do vocabulário que integra a competência comum do falante. Em ambos os casos, trata-se de um recorte cuja natureza e extensão serão distintas e dependerão de planejamento (*idem, ibidem,* p. 145).

Naturalmente, o planejamento é um dos grandes diferenciais da elaboração dos dois tipos de obras. Assim, para a obra terminográfica, tudo começa com a leitura de textos especializados, prosseguindo com a consulta aos especialistas.

Ao contrário da lexicografia, ocorrem frequentemente os casos de uma palavra ser encontrada apenas uma vez no *corpus* da pesquisa terminográfica e se referir a um conceito temático da área, sendo relevante para a especialidade. Na obra lexicográfica, um termo ocorrido tão raramente normalmente não é incluído (cf. *op. cit.,* p. 146).

Quanto ao formato dos verbetes, a obra terminográfica privilegia aquele em que o termo é definido no texto especializado. Por isso é que muitas entradas costumam ser formadas por várias palavras, locuções, fraseologismos, expressões cristalizadas, nomes próprios, siglas, acrônimos, abreviaturas etc. (idem, ibidem).

Apesar de o ordenamento segundo a estrutura conceitual da área temática ser considerado melhor, "a ordem alfabética é preferida, sendo muitas vezes suplementada por uma rede de remissivas que interliga os termos semântica e/ou pragmaticamente relacionados" (*idem, ibidem*).

O verbete na obra terminográfica privilegia o aspecto conceitual que a palavra adquiriu na comunicação especializada. Salvo em casos em que a obra se dirige a tradutores e redatores, não são fornecidas informações linguísticas, mas é apresentada uma definição que procura explicitar o significado da palavra como um termo e sua utilização no contexto da área especializada (MACIEL, in XATARA; BEVILACQUA; HUMBLÉ, 2011, p. 147).

Considerações finais

As "Bases para uma Terminologia de Linguística e Letras" disponibilizarão elementos suficientes para os terminólogos prepararem bons dicionários terminológicos das diversas disciplinas de linguística e letras, complementando, é natural, com as suas pesquisas pessoais e com uma análise crítica do material, na aplicação específica em cada especialidade.

Além dos textos coletados e organizados alfabeticamente como verbetes terminográficos, os pesquisadores encontrarão uma ampla bibliografia em português e em diversas línguas estrangeiras, principalmente em inglês e em francês.

As remissões a outros verbetes são marcadas em itálico no corpo da obra, além de serem indicadas no final de grande parte dos verbetes, como reforço para os acadêmicos e pesquisadores que desejarem ampliar a pesquisa com outras informações paralelas e complementares.

Além de uma ampla bibliografia geral, diversos verbetes são seguidos de sugestões de leituras complementares.

Referências

ALMEIDA, Napoleão Mendes de. *Dicionário de questões vernáculas*. 4. ed. São Paulo: Ática, 1998.

ANDRADE, Maria Margarida de. *Dicionário de termos gramaticais*. São Paulo: Atlas, 2009.

AQUINO, Renato. *Dicionário de gramática*. 3. ed. rev., ampl. e atual. Niterói: Impetus, 2016.

BAGNO, Marcos. *Dicionário crítico de sociolinguística*. São Paulo: Parábola, 2017.

BERGO, Vittorio. *Pequeno dicionário Brasileiro de gramática portuguesa*. Rio de Janeiro: Civilização Brasileira, 1960.

CÂMARA JR., Joaquim Matoso. *Dicionário de filologia e gramática*. 3. ed. Rio de Janeiro: J. Ozon, 1968.

CARVALHO, Castelar de. *Dicionário de Machado de Assis*. Rio de Janeiro: Lexikon, 2010.

CHARAUDEAU, Patrick; MAINGUENEAU, Dominique. *Dicionário de análise do discurso*. Coordenação da tradução: Fabiana Komesu. 2. ed. São Paulo: Contexto, 2006.

COSTA, Sérgio Roberto. *Dicionário de gêneros textuais*. 3. ed. rev. e ampl., 1. reimpr. Belo Horizonte: Autêntica, 2018.

CRYSTAL, David. *Dicionário de linguística e fonética*. Trad. e adapt.: Maria Carmelita Pádua Dias. Rio de Janeiro: Jorge Zahar, 1988.

DUBOIS, Jean et al. *Dicionário de linguística*. Trad.: Izidoro Blikstein et. al. 2. ed. São Paulo: Cultrix, 1998.

ELIA, Silvio Edmundo. Dicionário gramatical português. In: *Dicionário gramatical Globo*. 3. ed. Porto Alegre: Globo, 1962, p. 1-205.

FLORES, Valdir do Nascimento et al. *Dicionário de linguística da enunciação*. Prefácio de José Luiz Fiorin. São Paulo: Contexto, 2018.

GIACOMOZZI, Gilio *et al. Dicionário de gramática*. São Paulo: FTD, 2004.

GREIMAS, Algirdas Julius; COURTÉS, Joseph. *Dicionário de semiótica*. 2. ed. 1ª reimpr. São Paulo: Contexto, 2012.

JOTA, Zélio dos Santos. *Dicionário de linguística*. 2. ed. Rio de Janeiro: Presença; Brasília: INL, 1981.

LUFT, Celso Pedro. *Dicionário gramatical da língua portuguesa*. Porto Alegre: Globo, 1967.

MACEDO, Walmírio. *Dicionário de dificuldades gramaticais*. São Paulo/Rio de Janeiro: Livre Expressão, 2012. [Conforme a ficha catalográfica feita na editora, mas a folha de rosto registra: "*Dificuldades gramaticais*: gramática de A Z – novo dicionário de gramática" e a capa registra: "*Dicionário de dificuldades gramaticais*: gramática de A Z"].

MOISÉS, Massaud. *Dicionário de termos literários*. 12. ed. rev. e ampl. São Paulo: Cultrix, 2004

MORAIS, Orlando Mendes de. *Dicionário de gramática*. 7. ed. aum. e atual. Rio de Janeiro: Científica, 1965.

NEIVA, Eduardo. *Dicionário Houaiss de comunicação e multimídia*. Rio de Janeiro: Instituto Antônio Houaiss; São Paulo: Publifolha, 2013.

NEVEU, Franck. *Dicionário de ciências da linguagem*. Trad.: Albertina Cunha e José Antônio Nunes. Petrópolis: Vozes, 2008.

OLIVEIRA, Cândido de. *Dicionário gramatical*. São Paulo: F.T.D, 1967.

RIBEIRO, João. *Dicionário gramatical*. 3. ed. Rio de Janeiro: Francisco Alves, 1906.

SILVA, Carly. *Dicionário de linguística transformacional*. Rio de Janeiro: Universidade do Estado do Rio de Janeiro, 1988.

SILVA, Thaïs Cristófaro. *Dicionário de fonética e fonologia*. São Paulo:

Contexto, 2011.

SPALDING, Tassilo Orpheu. *Dicionário brasileiro de gramática*. São Paulo: Cultrix, 1971.

TRASK, Robert Lawrence. *Dicionário de linguagem e linguística*. Trad.: Rodolfo Ilari; revisão técnica: Ingedore Villaça Koch e Thaïs Cristófaro Silva. 3. ed., 1. reimpr. São Paulo: Contexto, 2015.

XATARA, Claudia; BEVILACQUA, Cleci Regina; HUMBLÉ, Philippe René Marie (Orgs.). *Dicionários na teoria e na prática*: como e para quem são feitos. São Paulo: Parábola, 2011.

7

O USO DO GÊNERO CRÔNICA COMO FERRAMENTA PARA DESENVOLVER A COMPETÊNCIA COMUNICATIVA INTERCULTURAL

MILTON GABRIEL JUNIOR

Introdução

Este artigo tem por objetivo apresentar a crônica brasileira, gênero tipicamente nacional, como ferramenta para desenvolver a competência comunicativa intercultural. Para se compreender a crônica e a sua utilização como material autêntico no ensino de PLE se apresenta uma teorização concisa dos princípios da Linguística Textual-Discursiva e complementada com fundamentos da Análise Crítica do Discurso e as bases da Nova Retórica para conceituação do gênero crônica.

A utilização da crônica possibilita ao professor demonstrar como este gênero possui estreita relação com a sociedade, uma vez que se relaciona com alguns fenômenos sociais ao estabelecer o reconhecimento do espaço público e das representações sociais; o discurso do cronista constrói e produz memória construída no e pelo discurso ativado pelo poder simbólico/cultural que representa o pensamento da sociedade.

A crônica produz uma avaliação das cognições sociais, construídas a partir do vivido e experienciado em sociedade; esses conhecimentos são investidos de valores culturais. Dessa maneira, a crônica tornou-se 'expressões da verdade', que busca representa o pensamento das pessoas, se utiliza de linguagem de fácil compreensão ao recorrer a expressões cotidianas, indutoras de implícitos culturais.

A crônica apresenta a seguinte superestrutura:

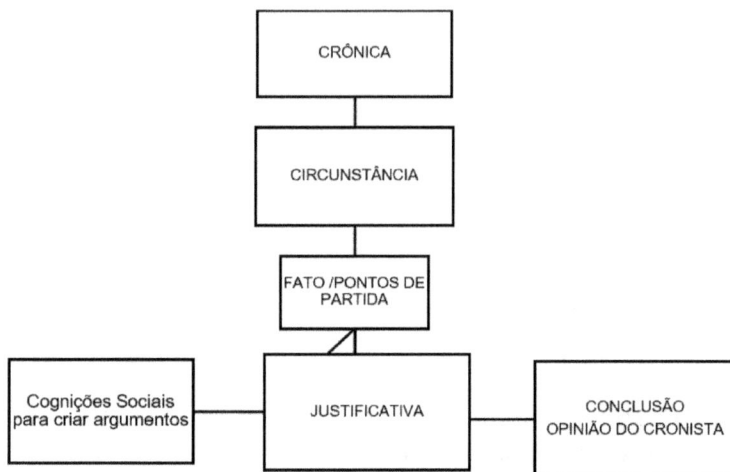

Ao utilizar a crônica e os implícitos culturais nela existentes o professor possui ferramenta para desenvolver a competência linguística comunicativa e a comunicação intercultural presentes nos enunciados linguísticos e nos padrões de comportamento.

Breve percurso histórico da crônica

A caracterização, para a crônica brasileira, encontra uma grande variabilidade de posicionamentos dos diversos estudiosos, por terem-na situado sob diferentes prismas como o semântico, o do uso linguístico, o do gênero e até o da cronologia.

A palavra crônica deriva do radical grego *chronikós* (relativo ao tempo), recebida pelo latim *chronicus,* em português se tornou o radical *crono* que possui muitas variantes *chronica, cronicão* e *cronicon*, dos reinos medievais, crônica, cronologia etc. por toda a Europa o termo crônica tem suas raízes na Historiografia e está ligada a narrativas pessoais de tipo memorialista.

Nas primeiras acepções a crônica portuguesa possuía o papel de certificar os acontecimentos e as linhagens das famílias nobres de Portugal, tendo como princípio primordial registrar os fatos reais ao longo da evolução no tempo, tal medida facilmente pode ser verificada nas crônicas medievais portuguesas, pois estas visavam apresentar sequências de fatos organizados na ordem temporal de sua ocorrência original.

A crônica no Brasil

A crônica no Brasil se inspirou nas crônicas feitas na França no século XIX, publicadas no jornal denominado *folhetim* ou em francês *feuilleton*. Era o espaço plural, livre, que abrigava uma série de textos voltados ao entretenimento e os mais variados assuntos, da política ao teatro, dos eventos sociais aos esportivos. Por tais motivos que a história da crônica no Brasil se confunde com a própria trajetória do jornalismo. Vinculada ao entretenimento ela se consolida no país e, desde então, tornou-se um gênero quase obrigatório para os jornais brasileiros.

Coutinho (1997, p. 121) explica que o termo, no século XIX, deixou de se referir exclusivamente a um relato cronológico de acontecimentos para denominar "um gênero literário em prosa, ao qual menos importa o assunto, em geral efêmero, do que as qualidades de estilo, a variedade, a finura e argúcia na apreciação, a graça na análise de fatos miúdos e sem importância, ou na crítica de pessoas".

Bender e Laurito (1993) apresenta a crônica como Folhetim-variedade: textos de matérias variadas, exceto romances, dos fatos sociais, esportivos, políticos, etc. que registravam no cotidiano da província, do país e até do mundo.

Melo (1994) já observou que há claras diferenças entre o uso do termo crônica no Brasil, quando comparado a outros países, o que faz com que o termo crônica adquira significado e forma singular. Classificando-a como "relato poético do real", atribui a este texto duas características: fidelidade e crítica social. Para o autor, trata-se de um gênero jornalístico que se enquadra no chamado jornalismo opinativo.

Produto do jornal, porque dele depende para a sua expressão pública, vinculada à atualidade, porque se nutre dos fatos do cotidiano, a crônica preenche as três condições essenciais de qualquer manifestação jornalística: atualidade, oportunidade e difusão (MELO, 1994, p.159).

Gabriel Junior (2015), caracterizou o gênero crônica como um gênero textual-discursivo organizadas pela hierarquia da sequência argumentativa, o cronista constrói uma circunstância que é composta por um fato que serve como ponto de partida para a argumentação.

Nas crônicas brasileiras o fato é selecionado como uma circunstância em relação às cognições sociais, ou seja, recorre-se aos conhecimentos sociais a respeito de fatos vividos e experienciado socialmente no cotidiano do brasileiro, para a construção de um ponto de vista.

Este trabalho adotará a concepção da crônica brasileira ser um gênero textual-discursivo organizada pela hierarquia da sequência argumentativa que se constitui por meio da incrustação das sequências narrativas, explicativas e dialogais na produção de opinião, apresentando um novo ponto de vista sobre fatos cotidianos.

A crônica um genero textual-discursivo

O problema dos gêneros é um dos mais antigos da Poética, e desde a Antiguidade até os nossos dias, a definição dos gêneros, seu número, suas relações mútuas jamais deixaram de se prestar à discussão. Consideram que a problemática ocorre, geralmente, da tipologia estrutural dos discursos, sendo que o discurso literário não passa de um caso particular, mas como até o momento os estudos da tipologia ainda são pouco elaborados, prefere-se abordar o seu estudo por meio dos gêneros literários.

Segundo o prefácio de Todorov em "Estética da criação verbal" de Mikhail Bakhtin (2000), ao reeditar em 1963 sua obra sobre Dostoievski, *Problèmes de La poétique de Dostoiesvski* (trad. Franc., 1970), Bakhtin apresenta uma exploração sobre alguns gêneros literários e desenvolve um programa de estudos estilísticos. Para o autor a língua se dá em enunciados específicos na esfera de produção, o que faz com que os três elementos: conteúdo temático, estilo e construção composicional se fundam indissoluvelmente no todo do enunciado e todos eles são marcados pela especificidade de uma esfera de comunicação, a qual guia a elaboração de determinados modelos de enunciados que denominamos gêneros do discurso.

Os estudos linguísticos, desde a década de 60, propuseram diferentes teorias e vertentes para o estudo e a compreensão da linguagem humana; algumas vertentes se centraram na produção do texto, outras procuraram compreender a recepção e a construção de sentido do texto. Dessa forma, aparecem a Linguística textual e a Linguística Discursiva, tendo respectivamente como objeto o texto e o discurso, essas duas disciplinas caminharam separadamente e apresentaram grandes contribuições aos estudos do texto e do discurso. Atualmente há uma tendência à convergência dessas duas disciplinas, aparecendo a Linguística Textual-Discursiva que tem entre suas tarefas o tratamento dos gêneros textuais-discursivos.

Adam (2008) apresenta a proposta de associar a Linguística Textual e a Linguística Discursiva, apresentando a Linguística Textual-Discursiva. Para o autor um texto não deve, de forma alguma, ser visto como uma unidade gramatical, mas como uma unidade de outra espécie: uma unidade semântica. Sua unidade é uma unidade de sentido em contexto, uma textura que exprime o fato de que, ao formar um todo, ele está ligado ao meio no qual encontra-se situado (HALLIDAY; HASAN, 1976; ADAM, 2008)

Como proposto por BAKTHIN (2000), a metalinguística vai abranger diferentes postulados que não tratam apenas da Linguística, Filologia, História da Língua, Literatura, Psicologia, Antropologia ou qualquer outra especificação, mas que abordará e se estabelecerá nas esferas limítrofes de todas as disciplinas citadas, criando um arcabouço teórico capaz de dar conta do conhecimento no que concerne o processamento e uso dos gêneros textuais-discursos.

Adam inicia seus estudos e pesquisas na Linguística Textual e associa-se com Maingueneau que realiza seus estudos na Análise do Discurso de linha francesa. Segundo Adam, Maingueneau, Heidmann (2010), a dimensão discursiva dos textos é formada por procedimentos complexos que inter-relacionam língua, texto e discurso para a constituição dos efeitos de sentido, uma vez que habitamos nossa própria língua, seus jogos linguísticos e as formas de construção do mundo.

Adam, Maingueneau, Heidmann (2010) organiza a publicação de uma obra, *Análises textuais e discursivas,* que concebe a noção de discurso como uma forma particular de apreender a língua; dessa forma, com seus estudos, chegou a uma focalização sobre a dimensão textual e transtextual do discurso. A textualidade é o resultado de realizações discursivas, sendo, portanto, concebida como uma dinâmica de relações textuais, intertextuais e plurilíngues, e não como uma estrutura fechada e estática. Ela é estudada tanto sob ângulo das forças coesivas que conferem a um texto uma certa unidade, quanto sob o ângulo das forças da transtextualidade e da interdiscursividade que ligam dialogicamente um texto a outros textos. Como produto singular de uma interação sócio-discursiva, um texto é o traço escrito e material da atividade de uma instância enunciativa social e historicamente determinada. Em sua diversidade temporal e geográfica, os discursos refletem a pluralidade e a complexidade das práticas sociais, inscrevendo-se nas línguas, em culturas e em gêneros diferentes.

Ao comparar textos e contextos, pode-se estabelecer relações com, segundo Heidmann (2003), as dinâmicas discursivas. O texto é enunciado em um contexto espaço-temporal específico e é, na interação com esse contexto, que ele produz efeitos de sentidos e produz as ações de seus participantes. Estudiosos como Adam e Heidmann abordam a problemática do gênero como repertório de categorias às quais os textos são remetidos, indo de encontro a um conceito mais dinâmico de genericidade, o que permite pensar a realização textual e sua leitura-reinterpretação como processos complexos. Assim, pode-se dizer que um texto não pertence a um gênero, mas está posto em relação, tanto na produção como na recepção, com um ou mais gêneros.

Adam (2008), ao integrar a análise do discurso com análise de texto, apresenta os níveis ou planos da Análise do Discurso:

✓   Nível 1 interação: (ação visada, objetivos);
✓   Nível 2 a formação sócio - discursiva social;
✓   Nível 3 interdiscurso, língua (S), intertextos e gêneros;

É a partir do nível 3, que os níveis do texto se inter-relacionam com os níveis do discurso.

Os níveis do texto são oito:

✓   Nível 4 - textura (proposições, enunciados e períodos);
✓   Nível 5 - estrutura composicional (sequência e planos de texto);
✓   Nível 6 - (representação discursiva);
✓   Nível 7- enunciação (responsabilidade enunciativa e coesão polifônica);
✓   Nível 8 - atos de discurso (ilocucional e orientação argumentativa).

O nível oito do texto se articula com nível um do discurso por meio da ação visada, objetivos para se produzir a interação.

Figura 1: Esquema proposto por Adam a para Análise Textual dos Discursos

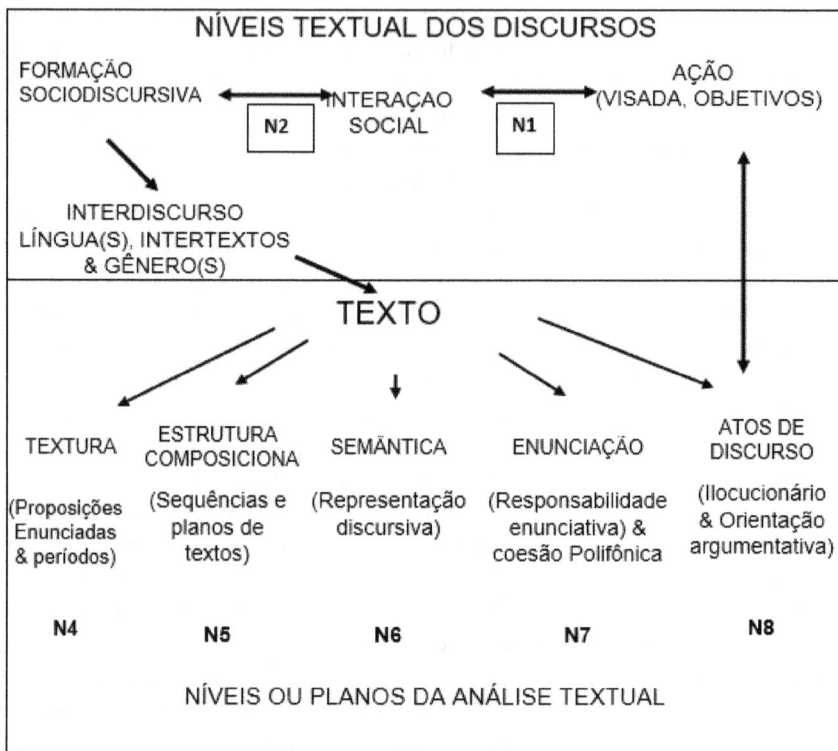

Fonte: Adam e Jean-Michel (2008, p. 61)

O nível ou planos de análise textual possibilitam estabelecer e verificar as operações de ligações das palavras em proposições enunciadas; essas unidades transformam-se em sequências que possuem início e fim, resultando em parágrafos de um plano de texto ou uma unidade textual delimitada, denominada peritexto. Essa materialidade determinada pelos limites do texto possibilitará verificar as seguintes categorias: referenciação; macro ato de fala; os intertextos; os interdiscursos; as sequências que compõem o texto; como as sequências se incrustam; como as sequências que se transformam em argumentos de legitimidade ou reforço e, por fim, a construção da opinião, além de como ela desencadeia uma ação social.

Dessa maneira, compreendermos a organização textual, que se constitui por meio de um gênero, é compreender que as atividades sociais são práticas sociais, tais como: uma aula, atendimento a clientes e outras formas de interações que tem a finalidade de gerar ações por meio da linguagem, as quais os usuários da língua tentam alcançar determinados objetivos, motivados por ações ocorridas em determinados momento histórico. Associado às práticas sociais há os papéis sociais, isto é, a relação de poder existente nas interações construídas entre empresa/atendente e cliente, professor e aluno por exemplo.

O gênero se constitui da articulação entre as práticas sociais e os papéis sociais, que têm por elemento estruturador a linguagem com suas regras e recursos de significar que são compartilhados e reconhecidos pelos integrantes de uma cultura.

A abordagem sócio-retórica de gêneros define-os como um evento comunicativo, alicerçado na recorrência e ação social, entre os principais representantes dessa abordagem estão: John Swales; Caronile Miller; Charles Bazerman; Vijay Kumar Bathia.

Segundo Swales (1990), a Comunidade Discursiva é um espaço em que se produz um número determinado de textos/discursos que demonstra o comportamento sociolinguístico de seus membros. Para o autor, um gênero não pode ser completamente compreendido e interpretado fora de seu contexto de uso, uma vez que "o gênero compreende uma classe de eventos comunicativos, cujos membros compartilham um conjunto de propósitos comunicativos".

Os postulados de Miller (2009) compreendem um conjunto de teorias sobre o estudo do gênero, alicerçadas na recorrência e ação social. Deve-se tipificar a relação do gênero com a recorrência de situações e afirma que o gênero apresenta características formais e substantivas que levam a um efeito particular, em um dado momento sócio histórico, além de determinar uma ação, já que as formas retóricas estabelecedoras dos gêneros nada mais são do que respostas estilísticas e substantivas às necessidades contextuais, ou seja, os gêneros não são apenas uma série de atos formais ou tipos de textos e sim diferentes formas reconhecíveis, interligadas por uma dinâmica interna em resposta a determinadas situações contextuais, em situações concretas. Assim, o gênero é a realização linguística concreta, definida por propriedades sócio comunicativas, que podem ser classificados de três formas: o estrutural, que permite verificar as similaridades formais; o motivacional que verifica as similaridades pragmáticas e os arquetípicos que permitem verificar as similaridades substantivas. Dessa forma, propõe analisar o gênero por meio de uma hierarquia, associando-o a situações retóricas recorrentes. Estas variarão de cultura para cultura, sendo denominadas tipificações do gênero.

A tipificação do gênero decorre de situações recorrentes: constata-se, constroem-se conhecimentos que são armazenados, observa-se em situação semelhante à situação e essa é reconhecida por se constatar similaridade com os conhecimentos construídos e armazenados na memória. Segundo a autora, o gênero acaba por fazer um papel estruturador da ação social, uma vez que faz o papel de elo e mediador entre o particular e o público, entre o indivíduo e a comunidade.

Charles Bazerman (2009) compreende o gênero como ação social, verificando as regularidades das situações recorrentes o gênero é essencialmente sócio-histórico, sendo assim, ele se encontra em constante mudança; logo, apresenta uma tipificação interativa e histórica. O gênero passa a ser um mecanismo constitutivo na formação, manutenção e realização da sociedade, da cultura, da psicologia, da imaginação, da personalidade, da consciência e do conhecimento; sendo assim é interativo com todos os outros processos que formam nossas vidas.

Cada texto bem-sucedido cria para seus leitores um fato social. Os fatos sociais consistem em ações sociais significativas realizadas pela linguagem, ou atos de fala. Esses atos são realizados através de formas textuais padronizadas, típicas e, portanto, inteligíveis, ou gêneros, que estão relacionadas a outros textos e gêneros que ocorrem em circunstâncias relacionadas. Juntos, os vários tipos de textos se acomodam em conjuntos de gêneros dentro de sistema de gêneros, os quais fazem parte dos sistemas de atividade humana (BAZERMAN, 2009, p. 21-22).

O sistema de gêneros e de atividades demonstram como os textos institucionalizados, levam as pessoas a realizar determinadas atividades. Assim, pode-se afirmar que o gênero está ligado a mudanças institucionais sócio-históricas de relações interpessoais, de papéis profissionais, de ideologias, na epistemologia e na ontologia, o que propicia uma visão mais ampla, mais dinâmica de tipificação. Não se deve trabalhar o gênero como uma tipologia textual estanque e solidificada, mas como um conjunto de gêneros, dentro de um sistema de gêneros que organiza e guia um sistema de atividades.

Ensino de PLE

O processo de ensino/aprendizagem de uma língua para estrangeiros é considerado um processo complexo que vai além da habilidade de comunicar-se e permeia a interação social repleta de constituintes e implícitos culturais. A aquisição de uma língua estrangeira é um processo criador que está relacionado ao contexto, onde está e é falada, uma vez que é influenciada por hábitos linguísticos de diferentes grupos sociais.

A linguagem tem um papel essencial na formação do pensamento e do caráter do indivíduo. Segundo Bakhtin (1992), a linguagem é um processo constante de interação mediada pelo diálogo e não somente com um sistema autônomo, portanto, segundo esta concepção, a língua só existe na interação comunicacional entre locutores e interlocutores, uma vez que se materializa a intenção (projeto) e a produção (execução) fazendo com que o enunciado reflita as condições específicas e as finalidades das diferentes esferas de produção quer pelo seu conteúdo temático quer pelo seu estilo verbal.

Para o aprendente ter sucesso em situações de interações sociais, não basta que domine a norma ou o sistema formal da língua, mas que seja capaz de processar simultaneamente muitas outras informações, muitas delas de natureza não linguística e que provém ou da situação de comunicação em si ou de convenções, regras de caráter sociais. O ensino/ aprendizagem de uma língua (LE/L2) e a sua utilização dos códigos linguísticos passa pelo falante estrangeiro, agente das relações sociais e responsável pela seleção, composição e pelo estilo da comunicação verbal para tanto há necessidade de reconhecer os implícitos, fatores extralinguísticos que compõem o material linguístico produzido na interação.

O aluno estrangeiro se vale do conhecimento de enunciados adquiridos na norma, a fim de formular novos enunciados norteados por contextos históricos, culturais e ideológicos. Portanto, a interação por meio da linguagem entre estrangeiros e nativos ocorre dentro de um contexto e para que os participantes estejam em situação de igualdade, parte-se do pressuposto que ensinar L2/LE não se trata somente em ensinar uma língua a quem não a possui, mas fazer com que o aprendiz tenha e faça experiências que aprofundem a percepção da língua e permitam seu aperfeiçoamento enquanto cidadãos na linguagem. (Cf. Almeida Filho).

Estudos já realizados sobre o ensino de português para estrangeiros como os de Almeida Filho (1997); Ferreira (1998); seidl (1998); Mendes (2002) enfatizam a relação intrínseca entre cultura e linguagem, bem como a importância do desenvolvimento da competência intercultural do aluno estrangeiro, para que o aluno de se desvencilhe dos preconceitos e estereótipos em relação à cultura alvo, uma vez que estes fatos impedem a comunicação eficaz, além de melhor compreender as realizações em línguas de determinadas expressões ou formas de expressão. A abordagem intercultural propicia com que a aprendizagem se torne eficiente por considerar a aula espaço plural, onde professores e alunos aprendem a partir de suas experiências na e com a língua-alvo.

Para Almeida Filho (2011, p. 119), "a aula é o evento (social, físico, ritualizado) que organiza e permite vivenciar experiências com e na língua-alvo, com o fim último de desenvolver uma competência linguístico comunicativa na língua alvo". Dessa forma, compete ao professor de PLE ter uma formação intercultural para desenvolver a competência intercultural de seus alunos.

Para Bennett, Bennett e Allen (2003), o foco da comunicação intercultural engloba o estudo das diversidades culturais, ou seja, considerar os traços culturais presentes em enunciados linguísticos bem como os padrões de comportamento e de pensamento, o que segundo o autor, minimiza uma série de entraves decorrentes da intolerância e desconhecimento das diferenças entre grupos sociais, ou seja, ensinar os aspectos socioculturais presentes nas interações sociais podem e facilitam o entendimento dos comportamentos linguísticos e sociais dos brasileiros.

Dessa forma, o gênero crônica constrói uma circunstância, composta por um fato e ponto de partida a partir de acontecimentos do cotidiano, tal acontecimento funciona como pano de fundo para a construção de argumentos que são construídos ao recorrer aos conhecimentos sociais (vividos e experienciado pelos brasileiros) que refletem padrões de comportamento e pensamento do brasileiro. Fazer uso da crônica em sala de aula possibilita ao professor e ao aprendente (re)conhecer traços culturais nos enunciados linguísticos, como os padrões de comportamento e pensamento.

Utilização da crônica como ferramenta para desenvolver a competência comunicativa intercultural

Como já mencionado a crônica nacional adquiri uma tipicidade ímpar, ela se diferencia de todos os outros gêneros dentro do sistema de gêneros jornalísticos, uma vez que a crônica nos ensina (como leitores) a ver mais longe, além do factual proposto no texto.

A crônica parte de um acontecimento cotidiano, vivenciado ou experienciado por todos, reformula-o e dá um novo ponto de vista sob a égide da estrutura narrativa-argumentativa que irá repercutir em cada leitor ao apresentar valores, ou seja, na Circunstância e Ponto de partida se apresenta o cotidiano e experienciado pelas pessoas representado por avaliações culturais e ideológicas que se encontram nas Cognições Sociais e no Ponto de vista o cronista apresenta uma focalização, valor individual atribuído como forma de julgamento dos valores sociais.

Nas crônicas, o fato é selecionado como uma Circunstância em relação às cognições sociais, a respeito de fatos vividos e experienciado, socialmente, no cotidiano do brasileiro, que servirá como ponto de partida para construir a argumentação ao apresentar fatos e dados cotidianos da vida das pessoas que recorram aos seus conhecimentos sociais.

A título de exemplificação da utilização do gênero crônica em sala de aula, apresenta-se uma breve possibilidade de sua utilização.

A Cidadezinha Natal
Luís Fernando Veríssimo

Ideia para uma história. Homem chega num carro com motorista a uma cidadezinha do interior. Manda estacionar o carro na única praça da cidadezinha, em frente à única igreja, e diz para o motorista ficar esperando no carro enquanto ele inspeciona a cidadezinha a pé. Não leva muito tempo. A cidadezinha é quase nada. A praça, a igreja, a prefeitura, algumas casas em volta da praça, poucas ruas. O prédio mais alto da cidadezinha tem quatro andares. É o que fica em cima da maior loja da cidade, a Ferreira e Filhos, que vende de tudo.

O homem entra no único boteco da praça, pede uma cerveja e puxa conversa. Quer saber quem é que manda na cidadezinha. Há quatro ou cinco pessoas no boteco, que não pararam de observar os movimentos do homem desde que ele desceu do seu carro com motorista. O maior carro que qualquer uma delas jamais tinha visto. Ninguém fala. O homem repete a pergunta.

Quem é que manda na cidadezinha? As pessoas se entreolham. Finalmente o dono do boteco responde.

— O prefeito é o dr. Al...

— Não, não. Não perguntei o prefeito. O que manda mesmo.

— É o Ferreira Filho.

— O da loja?

— É.

— Ele manda na cidade? Não tem alguém mais alto?

— Tem o delegado Fro...

— Polícia, não. Alguém mais alto.

— Tem o padre Túlio.

— O padre Túlio manda no Ferreira Filho?

— Bom... — começa a dizer o dono do boteco.

— Só quem manda no Ferreira Filho é a dona Vicentina — interrompe alguém, e

todos caem na risada.

— A esposa dele?

Mais risadas. Não, não é a esposa. Nem a mãe. Dona Vicentina é uma costureira que não costura. O atelier da dona Vicentina ocupa uma pequena sala na frente da sua casa, mas está sempre vazio. O verdadeiro negócio da dona Vicentina, e suas sobrinhas, acontece nos fundos da casa. É lá que ela recebe o Ferreira Filho, e o prefeito, e o delegado e, desconfiam alguns, até o padre Túlio. Se alguém manda no Ferreira Filho, e na cidadezinha, é a dona Vicentina.

Portanto é na sala dos fundos da casa da dona Vicentina que o homem reúne as autoridades, oficiais e reais, da cidadezinha, naquela mesma noite, e faz a sua oferta. Quer comprar a cidadezinha. Como comprar? Comprar. Cash. Tudo. A praça, os prédios, a população, tudo. E os arredores até o cemitério. Mas como? Não é possível. Há empecilhos legais, há...

Todos os protestos cessam quando o homem revela a quantia que está disposto a pagar por tudo, e por todos. É uma quantia fabulosa. Em troca, pede pouca coisa. Um retoque na praça, onde ele quer que seja construído um coreto sob uma árvore milenar, que também deve ser providenciada. Cada habitante da cidade, ao receber o seu dinheiro, receberá junto instruções sobre o que dizer, quando forem perguntados. Dirão que se lembram, sim, do homem. Que ele nasceu e cresceu, sim, na cidadezinha. Que era filho da dona Fulana e do seu Sicrano (os nomes serão fornecidos depois). Que muito brincou na praça, sob a árvore milenar. Que estudou na escola tal, com a professora tal, que terá muitas boas lembranças dele. Uma das habitantes mais antigas da cidadezinha será escolhida para fazer o papel da professora tal. Cada habitante da cidadezinha terá seu papel. Só o que precisarão fazer, quando forem perguntados, é contar histórias sobre a infância e a adolescência do homem na cidadezinha. As histórias também serão fornecidas depois.

— Mas perguntados por quem? — quer saber Ferreira Filho.

— Por repórteres. Virão muitos repórteres aqui.

— Por quê?

O homem não diz. Pergunta se está combinado. Se pode contar com a cidadezinha e com seus habitantes. Todos concordam. Está combinado. Dona Vicentina diz que se alguém não concordar, vai ter que se ver com ela.

No dia seguinte, depois de dizer que o dinheiro e as instruções virão em poucos dias e antes de entrar no carro, o homem olha em volta da praça, examinando cada uma das casas ao seu redor.

Finalmente escolhe uma, aponta e diz:

— Se perguntarem, eu nasci ali.

Entra no carro e vai embora. Poucos dias depois chegam o dinheiro e as instruções, ou os papéis a serem distribuídos entre os habitantes. É feito o combinado. Constroem o coreto no meio da praça e transplantam uma grande árvore milenar para lhe fazer sombra. E quando a cidadezinha é invadida por repórteres querendo saber da vida do homem, todos respondem de acordo com as instruções. Alguns até improvisam, como a dona Vicentina, que conta que foi a primeira namorada dele. Mas por que tantas perguntas?

— Vocês não souberam? — diz um dos repórteres.

— Ele se matou, ontem. O último pedido dele foi para ser enterrado aqui, na sua cidadezinha natal.

No dia seguinte chega o corpo, para ser enterrado no cemitério. Depois da cerimônia, as autoridades, oficiais e reais, da cidadezinha se reúnem na casa da dona Vicentina para decidir o que fazer. O fato de ele ter se suicidado complica um pouco a coisa, mas no fim fica decidido. Colocarão um busto dele na praça, ao lado da árvore que amava tanto, com uma placa de agradecimento. Afinal, era o filho mais ilustre da cidadezinha.

Apresenta-se de forma breve a leitura e apresentação dos implícitos culturais representados no texto "A Cidadezinha Natal" de Luís Fernando Veríssimo.

O contexto cognitivo está relacionado as Cognições Sociais compartilhados pelos brasileiros, a partir do representado como forma de conhecimento adquirido seja pela mídia, pelos livros e do vivido ou experienciado socialmente, no caso é relativo a importância do pertencimento e a forma de se fazer política, negócios do brasileiro que compõe a memória social.

Luís Fernando Veríssimo escolheu para este texto uma problemática de como fazemos negócios importantes no privado, entre quatro paredes mesmo que sejam questões públicas e quem são reconhecidos como autoridades em todas as cidades brasileiras, a saber: "Homem chega num carro com motorista a uma cidadezinha do interior" neste trecho há indícios dos graus de importância do recém-chegado, ainda hoje na memória social de muitos brasileiros há uma medida de importância ou mensuração do indivíduo pelas suas posses. Tal dado pode ser apresentado pelo professor ao aprendente estrangeiro a fim de desvelar implícito cultural presente em língua.

No trecho: "Há quatro ou cinco pessoas no boteco", o termo "Boteco" é uma derivação regressiva de "botequim", que deriva de "botiquim", segundo alguns estudiosos diminutivo de "botica", loja em geral. No Brasil "boteco" ou sua variação, mais comum, "buteco" se refere a um lugar de encontro entre moradores de um bairro ou cidadezinha, nele se conversa sobre tudo e todos, é local ideal para se conseguir informações sobre pessoas ou lugares. Vale ressaltar que nas grandes cidades é compreendido como local de encontro entre boêmios para beberem e petiscarem com amigos, local que provavelmente os aprendentes terão acesso.

No excerto: "Só quem manda no Ferreira Filho é a dona Vicentina" há outro traço relevante da cultura nacional, apesar de haver uma cultura patriarcal muito forte, nota-se que na realidade a mulher possui grande importância nas decisões masculinas, dado cultural que contribui para o entendimento das relações familiares no Brasil.

O texto retrata o cotidiano de uma cidade pequena de interior, cria um clima nostálgico para quem já morou em cidades interioranas onde encontramos beatas, meninos brincando nas ruas, prostitutas, políticos, padre e delegado convivendo em certa harmonia, contudo sempre há uma pitada de interesse na vida alheia, isto é, fofocas e o melhor local para saber delas é o botequim ou a casa da luz vermelha.

A crônica apresenta outra característica do brasileiro instituído no Poder ou no jeito nacional de administração que é o desprezo pela ética, pelo correto, para apresentar o apego ao dinheiro, ao interesse pessoal que leva a se beneficiar em detrimento do outro e das instituições, causando a fragmentação dos alicerces do Estado e da sociedade em si. Para além disso, cabe ao professor apresentar tais características e ressaltar que elas não são regras atribuídas a todos os brasileiros. Desse modo, sempre que possível, cabe ao professor evidenciar características positivas da cultura e hábitos dos brasileiros.

Dessa forma, pode-se notar que o texto crônica está repleto de aforismos: "Entre quatro paredes tudo pode ou vale"; "Vale mais um pássaro na mão do que dois voando"; "O lobo pode perder os dentes, porém sua natureza jamais"; "Não há que ser forte, há que ser flexível" e "De tanto se repetir uma mentira, ela acaba se transformando em verdade". O aforismo nos apresenta de forma concisa a forma do brasileiro pensar e agir em língua, expressa de forma subentendida os implícitos culturais.

A crônica possui uma estreita relação com a sociedade ela fundamenta-se na inter-relação de alguns fenômenos sociais, dentre eles o da esfera pública, conforme Habermas (2003, 2014) uma das categorias centrais da sociedade é "esfera pública" se estabelece como espaço de reconhecimento público e de representações sociais.

Nesse sentido, a crônica e o cronista podem ser pensado como construtores e legitimadores de lugares de memória, segundo os postulados de Pierre Nora Ribeiro (1996), ou seja, seriam eles não os lugares de memória, mas com certeza espaços privilegiados no arquivamento e produção da memória contemporânea. Assim, o discurso do cronista torna-se uma memória produzida, construída no e pelo discurso ativado pelo poder simbólico ou cultural, que provocam reações, liberam respostas e induzem a pontos de vista.

Dessa maneira, por uma série de estratégias a crônica tornou-se 'expressões da verdade', uma vez que faz acreditar que representa o pensamento da sociedade, devido sua linguagem de fácil compreensão, recorre a expressões cotidianas que levam a implícitos culturais devido a estratégias enunciativas, tanto verbais como não-verbais.

Portanto, se considerarmos a aula como um evento social Almeida Filho, 2011, p. 119) que permite experienciar a língua-alvo, cabe ao professor propiciar atividades que desenvolva a competência comunicativa.

Desse modo, a utilização do gênero crônica facilita a compreensão do cotidiano do brasileiro pela utilização de linguagem clara, além de ampliar o repertório linguístico do estrangeiro.

Ao apresentar a diversidade cultural, pelo uso da crônica, o professor oportunizar momentos de "comparação" entre a forma de representações do brasileiro e a forma de representação dos estrangeiros. Tais representações podem estar presentes em enunciados linguísticos, em comportamentos ou na forma de interagir; que consiste na comunicação intercultural que minimiza entraves ou choques interculturais resultantes do "desconhecimento" das diferenças entre estrangeiros e nativos. Conforme Bennett, Bennett e Allen (2003), ensinar os aspectos socioculturais presentes nas interações sociais podem e facilitam o entendimento dos comportamentos linguísticos e sociais do grupo falante da língua-alvo.

Considerações finais

O uso da crônica para o desenvolvimento da competência comunicativa intercultural se demonstra ferramenta útil, uma vez que possibilita demonstrar a relação de um gênero literário com a sociedade e a cultura brasileira ao construir uma representação social, além de apresentar fenômenos presentes nas ações e no discurso.

A crônica possui uma estreita relação com a sociedade ela fundamenta-se na inter-relação de alguns fenômenos sociais, dentre eles o da esfera pública, conforme Habermas (1984, 2003, 2014) uma das categorias centrais da sociedade é "esfera pública" se estabelece como espaço de reconhecimento público e de representações sociais.

Nesse sentido, a crônica e o cronista pode ser pensado como construtor e legitimador de lugares de memória, segundo os postulados de Pierre Nora Ribeiro (1998), ou seja, seriam eles não os lugares de memória, mas com certeza espaços privilegiados no arquivamento e produção da memória contemporânea. Assim, o discurso do cronista torna-se uma memória produzida, construída no e pelo discurso ativado pelo poder simbólico ou cultural, que provocam reações, liberam respostas e induzem a pontos de vista.

Dessa maneira, por uma série de estratégias a crônica tornou-se 'expressões da verdade', uma vez que faz acreditar que representa o pensamento da sociedade, devido sua linguagem de fácil compreensão, recorre a expressões cotidianas que levam a implícitos culturais devido a estratégias enunciativas, tanto verbais como não-verbais.

Portanto, se considerarmos a aula como um evento social (ALMEIDA FILHO, 2011, p. 119) que permite experienciar a língua-alvo, cabe ao professor propiciar atividades que desenvolva a competência comunicativa.

Desse modo, a utilização do gênero crônica facilita a compreensão do cotidiano do brasileiro pela utilização de linguagem clara, além de ampliar o repertório linguístico do estrangeiro.

Ao apresentar a diversidade cultural, pelo uso da crônica, o professor oportunizar momentos de "comparação" entre a forma de representações do brasileiro e a forma de representação dos estrangeiros. Tais representações podem estar presentes em enunciados linguísticos, em comportamentos ou na forma de interagir; que consiste na comunicação intercultural que minimiza entraves ou choques interculturais resultantes do "desconhecimento" das diferenças entre estrangeiros e nativos. Conforme Bennett (2003), ensinar os aspectos socioculturais presentes nas interações sociais podem e facilitam o entendimento dos comportamentos linguísticos e sociais do grupo falante da língua-alvo.

Eis algumas considerações que se podem fazer a propósito da aplicação do gênero crônica no ensino de PLE que abrem novas perspectivas de utilização do gênero tipicamente brasileiro.

Referências

ADAM, J. M.; A *linguística textual*: introdução à análise textual dos discursos. São Paulo: Cortez. 2008.

ADAM, J. M.; MAINGUENEAU, DOMINIQUE; HEIDMANN, UTE;. (s.d.). *Análises textuais e discursivas*: metodologia e aplicações. São Paulo; Cortez, 2010.

ALMEIDA FILHO, J. C. P.; LOMBELLO, L. (Org.). *O ensino de português para estrangeiros: pressupostos para o planejamento de cursos e elaboração de materiais*. 2.ed. Campinas: Pontes, 1997.

_____. *Fundamentos de abordagem e formação no ensino de PLE e de outras línguas*. Campinas: Pontes Editores, 2011. 130 p.

_____. (1922-1924). *O problema do Conteúdo, do Material de da Forma na Criação Literária*. In: Bakhtin, M. Questões de Literatura e de Estética. A teoria do romance. (d. r. outros, Trad.) São Paulo: UNESP, 1993.

BAKHTIN, M. *Estética da criação verbal*. (tradução feita a partir do francês por Maria Ermantina Galvão, revisão de tradução Marina Appenzeller) São Paulo: Martins Fontes. 2000.

BAZERMAN, C. *Gêneros textuais, tipificação e interação*. orgs. Angela Paiva Dionisio, Judith Chambliss Hoffnagel. (J. C. Hoffnagel, & r. t. Vieira, Trads.) São Paulo: Cortez. 2009.

BENNETT, J.; BENNETT, M.; ALLEN, W. Developing intercultural competence in the language classroom. In: LANGE, D.; PAIGE, M. (Eds.). *Culture as the core perspectives on culture in second language learning*. Greenwich, CT: Information Age Publishing, 2003, pp.237-270.

COUTINHO, A. *Ensaio e crônica*, in: COUTINHO, A. A literatura no Brasil. vol.6. São Paulo: Global. 1997.

FERREIRA, I. A. *Perspectivas interculturais na sala de aula de PLE*. In: SILVEIRA, R. C. P. da (Org.). Português língua estrangeira-perspectivas. São Paulo: Cortez, 1998.

GABRIEL JUNIOR, M. *A organização textual da crônica de notícia*. Mestrado em do programa de estudos pós-graduados em língua portuguesa da PUC – São Paulo, 2010.

HABERMAS, J. *Consciência moral e agir comunicativo*. 2ª ed.Trad. Guido A. de Almeida. Rio de Janeiro: Tempo Brasileiro. 2003.

_____. *Mudança estrutural da esfera pública*. Rio de Janeiro, São Paulo: biblioteca Tempo Universitário, Editora Unesp. 2014.

MELO M. de, J. D. *A opinião no jornalismo brasileiro*. Petrópolis: Vozes, 1994.

MENDES, E. *Aprender a língua, aprendendo a cultura: uma proposta para o ensino de português língua estrangeira (PLE)*. In: CUNHA, M. J. C.; SANTOS, P. (Orgs.). Tópicos em português língua estrangeira. Brasília: UnB, 2002.

MILLER, C. *Estudos sobre gênero textual, agência e tecnologia*. org. Ângela Paiva Dionísio, Judith Chambliss Hoffnagel. (J. C. al.], Trad.) Recife: Ed. Universitária da UFPE. 2009.

RIBEIRO, P. N. La aventura de los lieux de mémoire. In: BUSTILLO, J. C. *Memória e historia*. Revista Ayer, n° 32, 1998. pp. 17-34. Disponível em: http://www.ahistcon.org/PDF/numeros/ayer32_MemoriaeHistoria_Cuesta.pdf. Acesso em abril de 2017.

SEIDL, M. Language and culture: towards a transcultural competence in language learning. Fórum for Modern Language Studies, XXXIV, n.2, 1998.

SWALES, J. *Genre Analysis*: English in academic and reserach settings.

Cambridge: Cambridge University Press. 1990.

VERÍSSIMO, Luís Fernando. Cidadezinha natal. São Paulo: O Estado de S. Paulo, março de 2002.

8
A VARIAÇÃO LINGUÍSTICA NO ENSINO DE PORTUGUÊS LÍNGUA ESTRANGEIRA

REGINA MARIA GONÇALVES MENDES

Introdução

A variação linguística precisa ser considerada no ensino de Português Língua Estrangeira (PLE), uma vez que a língua carrega marcas culturais que podem vivenciadas nas práticas discursivas bem como, na escrita e na oralidade. É muito importante levar em conta esse fenômeno no processo de aquisição de uma língua estrangeira. No tocante ao português, o estudante estrangeiro deve saber que há diferenças entre a língua formal e a variedade linguística da língua em uso. Por essa razão, o estudante em aquisição da língua tem que saber que a diversidade linguística existe, com vistas a sentir-se contextualizado durante as práticas discursivas em interação com falantes nativos. A variação linguística possui influência de fatores sociolinguísticos que resultam em sua produção, principalmente nas práticas discursivas orais.

A variação linguística pode ser um fenômeno complexo para o processo de ensino e aprendizagem do PLE, no que tange à comparação da língua falada popularmente com a escrita ou mesmo a oral ensinada na sala de aula. Existem muitas dificuldades para interpretar determinadas expressões orais, estruturas morfológicas e sintáticas, além de léxicos regionais. Essas implicações podem desencadear interferências na escrita porque o estudante pode não conseguir escrever o que ouve por não fazer sentido ou por não conseguir contextualizar o que foi dito dentro do tema que está sendo tratado. Por tudo isso, faz-se necessário mostrar ao estudante que está em aquisição da PLE, que a variação existe e que é preciso levar em conta que a língua possui duas dimensões, a escrita e a fala (MENDES, 2016).

A pergunta que direciona e problematiza este artigo é: como ensinar variedade linguística nas aulas de PLE? O objetivo geral é refletir a respeito da variedade linguística no ensino de PLE. Os objetivos específicos são definir variedade, variação e variantes linguísticas; identificar casos de variedade linguística que podem dificultar o entendimento do estudante de PLE e explicar por que a língua varia.

Esta reflexão é relevante porque trata-se de uma pesquisa que pode contribuir como apoio aos professores de PLE, pois existem variações linguísticas que confundem os estudantes ou que podem ofuscar o sentido da prática discursiva.

Segundo Mendes (2016, p. 173), "os estudantes de PLE ouvem palavras ou expressões que diferem do que foi aprendido em sala de aula e do dicionário, trazendo dificuldades para compreensão do sentido". Por isso, se a variação linguística for apresentada aos estudantes de PLE, eles podem ver transparência de sentido nas conversas que ouvem na comunidade de fala onde estão aprendendo a língua portuguesa. Ao ensinar as variações linguísticas, enquanto o estudante adquire a língua, ele vai sendo inserido na cultura dessa língua, sendo essa medida necessária para a aprendizagem de um novo idioma.

Esse estudo é uma revisão bibliográfica, fundamentada por autores relevantes que abordam o PLE, a variedade linguística e a sociolinguística.

Este estudo se estrutura da seguinte forma:
2 Contextualizando a Variedade Linguística no Ensino de Português Língua Estrangeira;
2.1 Definições de Variedade, Variação e Variantes Linguísticas;
2.2 As Variações Linguísticas no Processo de Aquisição do Português Língua Estrangeira;
3 Considerações Finais

Contextualizando a variedade linguística no ensino de português língua estrangeira

Durante a aquisição do PLE, é importante que o estudante seja exposto a materiais autênticos que possuam em sua configuração variações linguísticas, para que ele saiba da existência desse fenômeno, tendo em vista que o desconhecimento desse aspecto pode gerar dúvidas ou preconceito linguístico.

Ao ensinar no processo de aquisição do PLE, vale compreender como os jesuítas ensinaram o português no Brasil. Segundo Leffa (1999), o português chegou neste país como língua estrangeira, porque os habitantes encontrados aqui falavam outras línguas, sendo preciso ensinar a língua dos colonizadores a esses sujeitos. Desse modo, a língua se oficializou no país, uma importação imposta a todos que habitavam o Brasil em tempos de colônia.

Naquela época, é bem possível que os jesuítas buscaram formas para ensinar a língua portuguesa para estrangeiros, como muitos professores de

PLE fazem atualmente, improvisando, sem conhecer a língua do estudante. Provavelmente os professores da contemporaneidade não tenham menos desafios que os de outrora, porque existem muitas técnicas pedagógicas, teorias e cursos para atualização com o foco nesse tema.

Para Almeida (2004), o professor precisa ter consciência da importância da língua que ensina para o mundo e para os estudantes que buscam aprendê-la. O português, por exemplo, não é uma língua somente do Brasil, ela é falada em outros países, ainda que o país possua tantos habitantes, não se pode pensar somente neste universo ao ensinar. Trata-se, portanto, de uma língua global, com acesso livre para quem queira aprendê-la. Por esse motivo, o professor precisa entender que o ensino de PLE, deve ser pensado para o sujeito que deseja aprendê-lo para ampliar suas demandas de comunicação, e que, ao se adquirir uma língua estrangeira vem com ela, a cultura: literatura, modos de falar, música, gastronomia, arte, entre outros.

No que tange à variação, Labov (2008) a considera um fenômeno que faz parte do sistema linguístico, ocorrendo em qualquer língua humana natural, podendo acontecer na fala de uma comunidade de fala, ou mesmo no falar de um indivíduo apenas. Com relação à fala individual, Cagliari (2002) afirma que:

> [...] a variação pode ter um aspecto individual: uma mesma pessoa fala de maneiras diferentes (apresenta variações), dependendo da velocidade de fala, das circunstâncias mais ou menos formais de uso da linguagem (estilos diferentes) e até mesmo dependendo das condições emocionais do momento (atitudes do falante e outros fatores pragmáticos) (CAGLIARI, 2002, p. 114).

A variação sempre existiu independente de existirem as normas linguísticas, e no caso da língua portuguesa, trata-se de um idioma que possui muitas variedades.

Na perspectiva da sociolinguística laboviana variacionista, a língua se configura em um sistema heterogêneo, sendo a variação e a mudança linguística próprios desse sistema, recebendo influência de fatores internos aos sistemas que são as chamadas estruturas linguísticas e os fatores externos que são relativos a fatores sociais, tais como gênero, faixa etária, economia, entre outros. A sociolinguística concebe a língua como um organismo vivo, que está em sempre variando, vinculada com a estrutura social da comunidade onde está inserida (LABOV, 1972).

Definições de Variedade, Variação, Variantes e Mudança

Para melhor compreensão do estudo que ora se desenvolve, faz-se necessário que se leve em conta o sentido de alguns termos que envolvem o assunto, visto que são palavras derivadas do verbo variar. Nesse sentido, Labov (2002) explica que a variação linguística ocorre devido às variáveis estruturais (construções linguísticas) e variáveis não estruturais (contexto social). Essa perspectiva laboviana, ajuda a compreender a língua no contexto em que ela é usada.

O autor correlaciona contexto social e forma linguística para precisar as condições de produção linguística e a realização. Dessa maneira , o indivíduo "pode apenas ser entendido como produto de uma história social singular e como a interseção dos padrões linguísticos de todos os grupos sociais e categorias que definem aquele indivíduo" (LABOV, (2002, p. 34).

Segundo Vitral (2017), a língua é usada para definir quem somos e interagir com outros falantes e dessas duas atividades, pode-se perceber alguns fatores que ocasionam a variação, mesmo que ocorra com o mesmo falante, uma vez que cabe a ele escolher recursos linguísticos diferentes, independente de quem seja a pessoa com a qual ela interage ou para quem ela escreve uma mensagem, em um e-mail, para um jornal, uma revista, para agradecer, entre outras utilizações.

Outros fatores que resultam em variação linguística são a fala, escrita, lugares, épocas, pessoa que fala em termos de gênero, faixa etária, classe social, entre outros. Todos esses fatores provocam usos diferentes da língua, configurados nas variedades linguísticas (VITRAL, 2017).

A definição de variedade linguística refere-se ao termo que corresponde ao que se denomina dialeto. Cada variedade linguística tem uma gramática própria igualmente válida. Dentro de cada variedade há tensões e grupos sociais com traços próprios, sendo que cada variedade linguística possui uma variação interna, condicionada por fatores linguísticos e sociais (MENDES, 2009).

O texto a seguir é uma piada cujos personagens produzem variedades relacionadas à região onde vivem São Paulo e Bahia.

Jesus no bar Estavam um carioca, um paulista e um baiano no boteco do Mercado Modelo, quando o carioca diz aos outros:

—Mermão, esse cara que entrou aí é igual a Jesus Cristo.

—Tás brincando! –dizem os outros.

—Tô te falando! A barba, a túnica, o olhar…

O carioca levanta-se, dirige-se ao homem e pergunta:

—Mermão, digo, Senhor, tu é Jesus Cristo, não é verdade?

—Eu? Que ideia!

—Eu acho que sim. Aí, tu é Jesus Cristo!

—Já disse que não! Mas fale mais baixo.

—Pô, eu sei que tu é Jesus Cristo.

E tanto insiste, que o homem lhe diz baixinho:

—Sou efetivamente Jesus Cristo, mas fale baixo e não diga a ninguém, senão isto aqui vira um pandemônio.

—Mas eu tenho uma lesão no joelho desde pequeno. Me cura aí, brother, digo, Senhor!

—Milagres não, pelo amor de Papai. Tu vais contar aos teus amigos, e eu passo a tarde fazendo milagres. O carioca tanto insiste, que Jesus Cristo põe a mão sobre o joelho dele e o cura.

—Valeu, viu! Ficarei eternamente grato!

—Sim, sim, mas não grite! Vá embora e não conte a ninguém. Logo em seguida chega o paulista.

—Aí, ô meu! O meu amigo disse-me que és Jesus Cristo, e que o curaste. Tenho um olho de vidro, cura-me também!

—Não sou Jesus Cristo! Mas fale baixo.

O paulista tanto insistiu, que Jesus Cristo passou-lhe a mão pelos olhos e curou-o.

—Ô lôco, meu! Obrigado mesmo!

—Agora vá embora e não conte a ninguém.

Mas Jesus Cristo bem o viu contando a história aos outros dois, e ficou à espera de ver o baiano ir ter com ele. O tempo foi passando, e nada. Mordido pela curiosidade, dirigiu-se à mesa dos três amigos, e pondo a mão sobre o ombro do baiano, perguntou:

—E tu, não queres que... O baiano levanta-se de um salto, afastando-se dele:

—Aê, meu rei! Tira as mãozinhas de mim, que eu ainda tenho seis meses de licença médica![1]

Mas nem todas as variedades regionais são reconhecidas por sua particularidade, pelo falar típico das pessoas que vivem em determinados lugares.

Arruda *et al.* (2008) encontrou em seus estudos outros estados associados que utilizam certas expressões, como "oxente", "sotaque puxado", "tchê", do Rio Grande do Sul, Minas Gerais e Rio de Janeiro, e estas variedades peculiares são motivos para piadas.

Variável é a forma linguística na qual existem variantes que podem ser identificadas pelo pesquisador. Labov (2008) utiliza esse conceito para indicar as variáveis linguísticas propícias a variações, levando em conta os fatores linguísticos e sociais, podendo desencadear mudanças linguística com o passar do tempo. Nesse sentido, na pesquisa de Mendes (2009), o fenômeno definido como haplologia, ocorre na sentença, tratando-se de uma variável linguística que apresenta duas variantes no encontro de duas palavras com a possibilidade de permanecerem intactas ou de apagar uma vogal ou uma sílaba inteira, por exemplo, o falante pode produzir qualquer um dos pares de variantes *dentro do/dendo*; *fico com/ficom*.

Variantes são as formas como a variável se apresenta, no exemplo acima *dendo* e *ficom* são variantes de *dentro do* e de *fico com*; já variável é o fenômeno haplologia nesse caso, mas existem outros tipos de fenômenos nas línguas

---

[1] http://www.osvigaristas.com.br/piadas/jesus-no-bar-12401.html

naturais[2] diferentes deste. Na explicação de Tarallo (2007, p. 7), variantes linguísticas são as formas diferentes de se dizer a uma palavra ou expressão, preservando o mesmo valor de verdade. No caso da haplologia, quando se diz 'cidade Vitória', o falante apagou a última sílaba da palavra 'cidade', esse sintagma preposicional é uma variante de 'cidade de Vitória'. É conveniente ressaltar que a variante linguística não altera o sentido, mas pode ter um valor social ou estilístico.

Resumindo, **variedade:** identificação do falante (sotaque, dialeto, estilo, grupo social); **variável:** fenômeno e **variantes:** formas geradas pela variável.

A variedade linguística demonstra diferenças entre as falas de habitantes de regiões diferentes do país, é o modo como se fala em determinado estado, região ou cidades, por exemplo comparando dois estados do Brasil, pode dizer que os falantes do Espírito Santo possuem uma forma peculiar de falar que difere dos falantes de Minas Gerais; o falar de Vitória é diferente do modo como se fala em Guarapari. Também pode ser o modo como determinados grupos de pessoas falam.

Mesmo dentro dessas comunidades de fala existem outras variedades, a fala que usa a língua padrão e a que usa a não padrão, além daquelas que se referem às pessoas de determinados grupos, como por exemplo, grupos de pessoas pertencentes a um grupo de profissionais, possuem entre si uma variedade relacionada à linguagem técnica da profissão que exercem.

O poema de Oswaldo de Andrade exemplifica a variedade não padrão:

Vício da fala
Para dizerem milho dizem mio
Para melhor dizem mió
Para pior pió
Para telha dizem teia
Para telhado dizem teiado
E vão fazendo telhados (Oswald de Andrade)[3]

Quando há variedade, existe a outra forma de dizer a mesma coisa, no caso desse poema as palavras mio/mió/pió/teia/teiado possuem a forma milho/melhor/pior/telha/telhado. Esse fenômeno é a variação linguística que pode ocorrer entre determinada camada social, podendo variar na fala do mesmo indivíduo que dependendo do ambiente em que está usa a variedade padrão ou a não padrão, pois este falante conhece e reconhece as duas variedades (RIGONATTO, 2018).

As variedades são classificadas em:

(i)   Variedades sociais

Essas variedades são relacionadas a fatores sociais e possuem variações

---

[2] Língua natural da comunidade de fala, onde o indivíduo nasce.
[3] ANDRADE, O. Poesias reunidas. Rio de Janeiro: Civilização Brasileira, 1971.

em nível fonológico e morfossintático. Também estão incluídos nessa classificação a gíria e o jargão.

• **Fonológicos** - "bicicreta" no lugar de "bicicleta"; "bão" no lugar de "bom"; "pobrema" no lugar de "problema.

• **Morfossintáticos** - "cinco menino" no lugar de "cinco meninos"; "chamei ele" no lugar de "chamei-o"; "eu truci" no lugar de "eu trouxe".

• **A gíria** está relacionada geralmente à linguagem a pessoas jovens, sendo efêmera pois surge de tempos em tempos e desaparece rápido.

• **O jargão** se refere à linguagem de grupos profissionais tais como, advogados, médicos, motoristas, professores, entre outros.

(ii)   Variedades estilísticas

Essas variedades se referem a variações linguísticas conforme a necessidade de formalidade ou informalidade, podendo ser faladas por um mesmo indivíduo. Usa-se a linguagem formal em situações comunicativas formais, tais como em ambientes de palestras, congressos, reuniões de intelectuais, empresariais, pedagógicas, entre outras. Já a linguagem informal é utilizada em situações comunicativas informais, como nos casos de reuniões familiares, roda de amigos, colegas, entre outros (RIGONATTO, 2018).

As regras variantes da língua são mais complexas de serem analisadas e consistem naquelas que podem mudar para atender a um fim comunicativo específico, em razão do desejo do falante ou em razão de competência (se é que se pode assim dizer) para fazê-las. Essas regras podem coexistir ou se apresentar em concorrência umas com as outras e a escolha realizada dependerá de uma série de fatores tanto de ordem interna (estrutural) quanto externa (social) (BOCHENEK, 2013, p. 180).

O falante tem a seu dispor variedades linguísticas que pode optar para se comunicar com finalidade específica. É preciso lembrar que a opção por uma ou outra variedade linguística, que pode ser limitada por fatores associados a questões sociais e de competência comunicativa. Um mesmo indivíduo pode usar a mesma variante linguística utilizada informal uma conversa em uma roda de amigos ou uma variante formal utilizada para dar uma palestra. Nos estudos de Mendes (2015), há exemplos de uma mesma empresa empregando duas variantes em um anúncio posto na camiseta de seus funcionários: (1) *Alugam-se cadeiras e guarda-sol* e (2) *Aluga-se cadeiras e guarda-sol*. Segundo a autora, essa é uma tendência de uso frequente em anúncios populares.

(iii)   Variedades situacionais

Essa variedade é a variação da língua em decorrência do grau de formalidade da situação ou circunstâncias em que o falante se encontra, afetando o grau de observância das regras, normas e costumes na comunicação linguística. Em outras palavras, trata-se de uma variação estabelecida em função de um contexto de comunicação, determinando como o falante deve se dirigir ao seu interlocutor, formal ou informalmente

(HIGINO *et al*, 2015).

A trajetória de evolução fez da língua o que ela é hoje. Existem determinados usos da língua que se modificam com a frequência de uso, sendo esse fenômeno denominado variação, quando ocorre continuadamente; e mudança, quando a forma resultante se estabiliza, podendo se converter em norma.

O processo de aquisição de uma língua requer conhecimentos sobre os falantes e como eles fazem uso dessa língua, para saber a respeito da variação, com a finalidade de compreender com transparência o sentido nas práticas discursivas. Por isso, é importante saber que existem tipos de variantes que são caracterizadas como:

- **Dialetal:** variação definida geograficamente;
- **Socioletal:** variação socialmente definida;
- **Padrão:** padronizada pela comunicação pública e pela educação;
- **Idioletal:** uma variação particular de uma pessoa;
- **Registro:** vocabulário especializado de certas atividades ou profissões;
- **Etnoletal:** variação em função de um grupo étnico (MENDES, p. 42, 2009).

Segundo a autora, as variantes podem ser percebidas no léxico e nas estruturas fonológicas, morfológicas e sintáticas e precisam ser conhecidas pelos estudantes de PLE, em uma abordagem instrumental e prática, sem a necessidade de classificações que podem ser úteis apenas para explicar e conscientizar.

As Variações Linguísticas no Processo de Aquisição do Português Língua Estrangeira

O ensino de PLE precisa ser funcional, pois precisa refletir a oralidade em uso. Nesse contexto concebe-se a língua como instrumento de interação social, em uma estreita relação entre linguagem e sociedade, o que indica que o funcionalismo ultrapassa a gramática, uma vez que a preocupação maior é com a comunicação que envolve estruturas que podem variar. "A abordagem funcionalista procura explicar regularidades observadas no uso interativo da língua, analisando as condições discursivas em que se verifica esse uso" (FURTADO DA CUNHA, 2008, p. 157). Nesse sentido, a autora considera a língua como instrumento para se comunicar e sua forma deve ser tratada em uma perspectiva estrutural atrelada à semântica, produzindo sentido em situações e frequência de uso na comunicação, no contexto de uso e na previsibilidade, levando em conta os aspectos pragmáticos e cognitivos.

Em se tratando de ensino de PLE, faz-se importante que os conhecimentos de variação linguística em Português estejam ao alcance dos docentes e possam ser apresentados aos aprendizes por meio do contato com a língua falada (via filmes, vídeos, músicas); e/ou a partir da explicação de como fatos de variação linguística são sistematizados e podem estar presentes na escrita. A sugestão é que aprendizes de PLE sejam expostos ao contato com músicas, vídeos, obras de literatura, entrevistas no rádio, resumos de trabalhos2 sociolinguísticos; desde que representativos da variação e da diversidade cultural da LP, e levados a se apropriarem de conhecimentos que lhes possibilitem lidar com o preconceito linguístico quanto ao que é 'diferente' (entendendo-se por diferente aquilo que não se encontra classificado nos manuais de gramática tradicional como 'padrão') visto que a Língua Portuguesa é realmente a reunião de todas as suas variedades, tanto dentro da nação onde é falada, quanto na relação entre nações onde a Língua Portuguesa é oficial (MAIA, 2010, p. 451).

Para Maia (2010), os estudantes percebem a existência das variações linguísticas, bem como da diversidade cultural que a língua pode proporcionar, levando-os a compreenderem que as pessoas falam e escrevem de modo diferentes em todas as línguas que possuem uma riqueza enorme diante da diversidade cultural. É importante destacar para os estudantes que ser diferente, significa acréscimo cultural e que, ao se aprender uma língua, o sujeito em aquisição da língua estrangeira, aumenta seu repertório cultural.

Qualquer língua, seja falada ou escrita, deixa transparecer a cultura de uma comunidade de fala, sendo o veículo mais importante da comunicação. É por meio da língua que as pessoas interagem socialmente e têm acesso à informação e à produção de conhecimentos. Por isso, o professor precisa ensinar a língua escrita e a norma padrão para que os estudantes tenham condições iguais em uma sociedade onde a instância pública valoriza essa norma. Eles precisam ter domínio dessa variedade, sem deixar de compreender as variedades e saber usá-las de acordo com as situações vivenciadas em seu cotidiano de forma que a língua não seja um motivo de exclusão social. Em outras palavras, o professor precisa ficar atento à variedade linguística trazida pelos educandos provenientes da cultura em que vivem, reconhecendo a heterogeneidade linguística e a eficácia e importância de todas as variedades na comunicação entre falantes.

Para dar conta da variação é importante recorrer à sociolinguística. Segundo Mollica (2010), essa área da linguística investiga o grau de estabilidade, ou a possibilidade de mudanças da variação, faz um diagnóstico das variáveis dos usos linguísticos alternativos e realiza uma previsão se existe um comportamento regular e sistemático desses usos, correlacionando aspectos linguísticos com fatores sociais, sempre considerando a língua em uso.

A Sociolinguística é uma das subáreas da Linguística e estuda a língua em uso no seio das comunidades de fala, voltando a atenção para um tipo de investigação que correlaciona aspectos linguísticos e sociais. Esta ciência se faz presente num espaço interdisciplinar, na fronteira entre língua e sociedade, focalizando precipuamente os empregos linguísticos concretos, em especial os de caráter heterogêneo (MOLLICA, 2010, p. 01).

De acordo com Leiria (1999), o ensino de uma língua estrangeira precisa ocorrer na modalidade formal, levando em conta que o estudante aprende não somente para se comunicar oralmente, mas também para ler textos literários e científicos ou para visitar o país onde a língua é oficial. Razão pela qual a aquisição dessa língua deve ser em uma modalidade cuja variedade seja de prestígio. Por isso, algumas escolas preferem ensinar Português de Portugal, outras o Português do Brasil. Provavelmente no futuro algumas escolas vão preferir ensinar o Português de Moçambique ou o de Angola, por exemplo. "Depende muito por onde o estudante pretenda viajar ou pesquisar materiais escritos para uma proximidade maior com o uso da língua nessas localizações" (LEIRIA, 1999, p. 4).

Entretanto, o que se percebe atualmente é um ensino do PLE padrão, acompanhado da necessidade de levar para a sala de aula palavras ou expressões do uso corrente, mostrando que a variação linguística existe, principalmente, se os estudantes de PLE estão adquirindo-o no país onde se fala o idioma. É muito importante mostrar-lhes que na oralidade existe uma língua informal de uso, sobre a qual ele precisa tomar conhecimento para compreender o que os nativos querem dizer, e desse modo, comunicar-se com transparência. No entanto, a língua padrão deve ser a base do ensino de PLE (MENDES, 2016).

De acordo com Silva e Scherre (1996), a escola influencia o uso da forma padrão, fazendo com que o estudante adquira a tendência de substituir variantes estigmatizadas pelas de prestígio. Segundo as autoras, a maior parte dos falantes adquire a forma padrão ao longo de sua escolarização, mas não perdem a variante não padrão, fazendo uso dela na oralidade. Por essa razão, grande parte dos nativos escreve bem o Português, no entanto usa a língua não padrão para se comunicar oralmente e o estudante de PLE precisa ter o entendimento dessa situação de uso.

Nesse sentido, Martinez (2009) afirma que no ensino de língua estrangeira existe uma interação por meio da prática discursiva, na mediação de ensino, há um dialogismo entre professor e estudante nas ações pedagógicas. O docente usa sistemas linguísticos, influenciados pelo funcionamento social que envolve o contexto biológico, biográfico e histórico da língua estrangeira ao dialogar com os estudantes em aquisição.

Nessa perspectiva, Scherre (2005) assegura que além de ser necessário "saber gramática", estudantes e professores de certo modo resistem em estudar a variação linguística com o foco na Sociolinguística por esta desmitificar a crença de que ao dominar a língua padrão, o indivíduo consegue comunicar-se plenamente com lógica e correção.

O contato do estudante estrangeiro com os falantes nativos influencia a comunicação, e muitas vezes a prejudica, pois o estudante de PLE não compreende o que eles falam, quando vai ao dicionário para esclarecer dúvidas, se vê perdido, porque não encontra as palavras isoladas ou as palavras que compõem as expressões vivenciadas, uma vez que elas não existem ou existem, mas não se referem ao que foi dito, pois a palavra sofreu variação e ficou como uma outra que existe. Por isso, a sala de aula é o melhor lugar para a prática social da língua, por meio da interação discursiva e a troca de experiências linguísticas, para que o estudante de PLE compreenda melhor o que ouve fora da sala de aula. Nessa linha de pensamento, Almeida Filho valoriza a sala de aula como um espaço de construção de conhecimentos:

A sala de aula, por sinal, deve ser um espaço para reflexão e troca de diferentes pontos de vista, de diferentes modos de ler o mundo. Pensando nas trocas realizadas em tal espaço, imaginamos que, ao mesmo tempo em que o trabalho docente influi no modo como os estudantes estrangeiros encaram a sua aprendizagem, as colaborações dos estudantes, por sua vez, contribuem para a reorientação das ações realizadas nesse espaço e, mais especificamente, da prática docente. O simples fato de sabermos que um estudante, ao retornar para seu país de origem, provavelmente jamais será a mesma pessoa, após ter imergido numa cultura que não a sua, podendo adquirir assim outra maneira de enxergar-se e de perceber o mundo, é um dos pontos que nos leva a imaginar o quanto tais mudanças, de fato, são possíveis. (ALMEIDA FILHO, 2013, p. 128).

A variação linguística é proveniente das relações sociais, dos valores socioculturais, do estilo de fala de uma comunidade, entre outros. Por isso, os docentes de PLE devem levar para a sala de aula exemplos de variações, promovendo atividades orais contextualizadas. Se possível, algumas dessas atividades sejam realizadas em interações sociodiscursivas com falantes nativos, para que o estudante estrangeiro compreenda e perceba com transparência, o sentido daquilo que ouve.

Conforme Martinez (2009, p. 10), o estudante de PLE consegue desenvolver bem sua expressividade em um espaço dialógico, onde a circulação de informações entre discente e docente, ainda que exista uma desigualdade de competência linguística entre esses atores. O estudante sabe menos, mas o professor é um mediador que "facilita a apropriação, do processo que visa assimilar um objeto linguístico, adaptando-o àquilo que se quer fazer com ele." Nessas condições, o estudante se apropria de saberes culturais linguísticos contidos nos temas em discussão.

Richards (2006) compreende que o ensino-aprendizagem de línguas estrangeiras precisa acontecer na perspectiva em que o estudante é exposto aos usuários do idioma em aquisição em uma criação coletiva de significado, com propósitos definidos, negociação de sentido em um dialogismo em que locutor e interlocutor encontrem um entendimento. Nesse contexto, dar *feedback* ao estudante, durante o processo de uso do idioma, com a atenção voltada ao que se ouve para aprimorar a competência comunicativa do estudante.

Em conformidade com o exposto, as habilidades linguísticas envolvem muito mais que competência gramatical, incluem-se entre as habilidades, a competência comunicativa com a prática discursiva para situações várias nas quais os participantes, cumprem seus papéis e suas intenções, com o apoio da sociolinguística.

Considerações finais

Esse artigo tratou do ensino do português língua estrangeira, com o foco na variedade linguística. Os teóricos pesquisados que fundamenta esse estudo evidenciaram a necessidade de se trabalhar a variedade linguística nas aulas de PLE, para o estudante entender o modo de falar dos nativos, bem como traços culturais inerentes às práticas discursivas, em uma perspectiva que garanta a aquisição da língua padrão.

O questionamento inicial que busca saber como ensinar a variedade linguística nas aulas de PLE foi respondido, porque os resultados indicaram que o docente dessa modalidade de ensino precisa ensinar a variedade padrão, respeitando e refletindo sobre as outras variedades que os estudantes vão detectar nas práticas sociais da língua, facilitando assim, a relação desses educandos com a variedade que está em processo de aquisição, livres do preconceito linguístico, pelo menos, nas interações sociais.

Quanto ao objetivo geral, o estudo proporcionou a reflexão sobre o tratamento da variedade linguística no ensino-aprendizagem do PLE, mostrando que o professor precisa trabalhar a variação na sala de aula, colocando em contato os estudantes que estão no processo de aquisição da língua, com usuários da língua portuguesa. Além desse objetivo, os específicos também foram alcançados uma vez que houve a definição de termos relacionados ao objeto de estudo, variável, variante e variação. Também identificou casos de variedade linguística que interferem no entendimento do estudante de PLE, além disso, esclareceu que a língua varia devido a fenômenos linguísticos estruturais e fatores sociais.

Trata-se de um estudo relevante porque a variedade linguística deve ser compreendida como uma marca cultural das comunidades de fala e por isso, deve ser respeitada como tal. Por esse motivo, o professor de PLE precisa se posicionar a respeito da variação e conscientizar o estudante de sua existência. Além disso, a pesquisa motivou essa pesquisadora a dar continuidade em outras pesquisas relacionadas ao assunto que é fascinante. Somado a isso, o ensino da variação linguística favorece o ensino-aprendizagem do PLE por possibilitar a percepção de marcas culturais referentes ao idioma estudado, possibilitando uma aquisição de língua contextualizada com as comunidades onde ela é falada.

Portanto, ao se ensinar o PLE, o professor precisa trabalhar com a as variações presentes na fala do usuário nativo, para melhorar a habilidade de compreensão auditiva do estudante de PLE, nas práticas discursivas com os falantes nativos. No entanto, o uso da variação deve ser mediado pelo docente para não prejudicar o interesse do estudante na língua em aquisição e nem o deixando sem a aquisição da língua padrão tanto na escrita, quanto na fala.

Referências

ALMEIDA FILHO, J. C. P. de. *O Ensino do Português como Língua Não-Materna*: concepções e contextos de ensino, 2013. Disponível em: Acesso em: 18 de julho de 2016.

ALMEIDA, M. S. P. M. de. *Ensino de português língua estrangeira* – P. L. E. – língua global. Revista Virtual de Estudos da Linguagem – ReVEL. V. 2, n. 2, março de 2004. ISSN 1678-8931 Disponível em: www.revel.inf.br Acesso em: 18 de fevereiro de 2019

ARRUDA, Angela *et al.* Viajando com jovens universitários pelas diversas brasileirices: Representações sociais e estereótipos". *Psicologia em estudo*, n.13, 2008. p. 503-511.

BOCHENEK, Sandro. Variação linguística e letramento: uma discussão necessária. *Rev. Faz Ciência*, v.15, n.22, Jul/Dez, 2013. p. 173-188.

BORTONI-RICARDO, Stella Maris. *Educação em Língua Materna*: a Sociolingüística em sala de aula. São Paulo: Parábola, 2005.

CAGLIARI, Luiz Carlos. *Análise fonológica*. Campinas: Mercado de Letras, 2002.

FURTADO DA CUNHA, A. Funcionalismo. In: MARTELOTTA, Mário Eduardo. (Org.). *Manual de linguística*. São Paulo: Contexto, 2008.

HIGINO, Isaias Medeiros, *et al. A variação linguística*: as variantes da língua. V ENID – Encontro de iniciação a docência da UEPB, Cascavel PR., 2015.

LABOV. William. The social motivation of a sound change. In: *Sociolinguistic patterns*. Pensilvânia: University Press, 1972.

LABOV, William. *Linguistic variation as social practice*. Language in Society. Review of Penelope Eckert, Cambridge: University of Cambridge Press, 2002.

LABOV, William. *Padrões sociolinguísticos*. São Paulo: Parábola, 2008.

LEFFA, V. J. *O ensino de línguas estrangeiras no contexto nacional*. Contexturas, APLIESP, n. 4, p. 13-24, 1999. Disponível em: http://www.dayara.com/geale/ download/vilson-leffa.pdf, acessado em: 20 de fevereiro de 2019.

LEIRIA, I. Português língua segunda e língua estrangeira: investigação e ensino. Idiomático. *Revista Digital de Didáctica de PLNM*. n.3. Centro Virtual Camões, 2004.

MAIA, Francisca Paula Soares. Sociolinguística laboviana: princípios para a integração via prática docente. *I CIPLOM*: Foz do Iguaçu - Brasil, de 19 a 22 de outubro de 2010 ISSN - 2236-3203

MARTINEZ, P. *Didáticas de línguas estrangeiras.* Tradução: Marco Maciolino. São Paulo: Parábola Editorial, 2009.

MENDES, Regina Maria Gonçalves. *A haplologia no português de belo horizonte.* Belo Horizonte: PUC/MINAS, 2009. Dissertação de mestrado em Letras e Língua Portuguesa

MENDES, Regina Maria Gonçalves. *A flexão de número no elemento verbal da chamada voz passiva sintética.* Belo Horizonte: PUC/MINAS, 2015. Tese de doutorado em Letras e Língua Portuguesa

MENDES, Regina Maria Gonçalves. *Implicações da variação linguística no ensino e aprendizagem do português língua estrangeira.* IX Congresso Brasileiro de Hispanistas. Foz do Iguaçu, 2016.

MOLLICA, Maria Cecília. Fundamentação teórica: conceituação e delimitação. In: MOLLICA, Maria Cecília; BRAGA, Maria Luiza. *Introdução à sociolinguística:* o tratamento da variação. São Paulo: Contexto, 2010.

RICHARDS, Jack C. *O ensino comunicativo de línguas estrangeiras.* Trad. Rosana S. R. Cruz Gouveia. São Paulo: Special Book Services – SBS, 2006.

RIGONATTO, Mariana. *O que é variação linguística? Brasil Escola.* 2018 Disponível em https://brasilescola.uol.com.br/o-que-e/portugues/o-que-e-variacao-linguistica.htm Acesso em 02 de fevereiro de 2019.

SCHERRE, Maria Marta Pereira. *Doa-se lindos filhotes de poodle.* Variação linguística, mídia e preconceito. São Paulo: Parábola, 2005.

SILVA, Machline de Oliveira e; SCHERRE, Maria Marta Pereira. *Padrões sociolinguísticos:* análise de fenômenos variáveis do português falado na cidade do Rio de Janeiro. Rio de Janeiro: Sindicato Nacional dos Editores de Livros, 1996.

TARALLO, Fernando. *A pesquisa em sociolinguística.* São Paulo: Ática, 2007.

VITRAL, Lorenzo. *Gramática inteligente do português do Brasil.* São Paulo: Contexto, 2017.

9

MULTILETRAMENTOS EM PROJETOS GLOBAIS: ENSINO DE LÍNGUAS COM FOCO NOS OBJETIVOS DE DESENVOLVIMENTO SUSTENTÁVEL

BARBARA ANNA ZIELONKA
SHIRLENE BEMFICA DE OLIVEIRA

Introdução

Apresentamos neste capítulo o relato de uma experiência de ensino-aprendizagem de línguas adicionais com foco nos Objetivos de Desenvolvimento Sustentável (ODSs) em um projeto global colaborativo. Nosso ponto de partida é a análise dos princípios e perspectivas de Multiletramentos e Multiculturalidade, incorporados nas atividades propostas e articulados discursivamente por alunos e professores participantes do projeto e discutidos em interface com os aportes teóricos das áreas de Educação e de Linguística Aplicada.

Em um contexto influenciado pelos efeitos da globalização e da disseminação de tecnologias digitais, em que ocorreram mudanças significativas nos meios e nas formas de comunicação, houve também uma ampliação nas oportunidades para o contato e interação na língua-alvo dentro e fora do ambiente escolar. Desta forma, as práticas de letramento com um foco lingüístico per se dantes praticadas parecem não atender mais as demandas dos alunos nesta sociedade moderna.

O contexto escolar atual exige o ensino crítico da língua, dentro de uma perspectiva mundial, multicultural, e política. Ao ensinarmos uma língua adicional, estamos ensinando e aprendendo sistemas de costumes culturais, modos de pensar, sentir, agir e pertencer que constituem identidades que são diversas e dinâmicas. Além disso, no cenário atual do ensino da língua inglesa, ensinar também é um fazer político, e o desenvolvimento da consciência cultural crítica e plural pode levar o aluno a se reconhecer na diversidade, a ser sujeito de transformação, além de desenvolver um senso de cidadania (RAJAGOPALAN, 2004). Em um período de pós-colonialismo, é de suma importância, por meio da língua inglesa, levar os alunos a compreenderem e refletirem sobre os lugares e os limites entre as culturas e a forma como elas se relacionam. Hall (2011) aponta que apesar da flexibilidade identitária, das fronteiras, da relação espaço e tempo, reconhecer o outro e seus direitos continua sendo um desafio. Levando em consideração as esferas pedagógicas e multiculturais, o uso de novas tecnologias, especialmente a internet, possibilita esse reconhecimento por meio dos novos meios de interação e colaboração entre os envolvidos no processo de aprendizagem da língua. Além disso, facilita o acesso a informações sobre a cultura de outros países, possibilita o desenvolvimento dos alunos para lidar com as diferenças de forma mais dialógica e respeitosa (SILVA JÚNIOR, 2012, p. 1).

O autor reforça que, no contexto escolar, além do quadro negro, gravadores de áudio, laboratórios de linguagem e vídeo, a internet se destaca, entre outros motivos, pela rapidez, acessibilidade e conforto oferecidos aos seus usuários. No ensino de línguas, principalmente, o uso da tecnologia é visto como uma ferramenta que permite o uso de materiais autênticos, oportunidades de comunicação com alunos de outras partes do mundo, uso da mobilidade (escolas, *cybercafés*, casa, escritório), práticas de leitura, habilidades de redação, conversação e compreensão oral, além de fornecer informações atualizadas em todos os momentos (SILVA JÚNIOR, 2012, p. 1). Esta abordagem de Multiletramentos surge da necessidade de seguir as novas formas de comunicação, especialmente no ambiente tecnológico. Atualmente, concentra-se na aprendizagem que reconhece o universo multimodal, onde é possível trabalhar no desenvolvimento do letramento crítico e digital.

Este artigo descreve a participação de uma escola brasileira no projeto *"Be the change, take the challenge"* (Seja a mudança, aceite o desafio), um projeto de ensino global e colaborativo que foi baseado nos pressupostos das abordagens de Multiletramentos. A seção a seguir, apresentará o curso da construção dessas abordagens com os principais conceitos que orientaram a implementação do projeto em todo o mundo.

Dos novos letramentos sociais aos multiletramentos

As visões tradicionais de ensino de línguas adicionais (LA) com foco nas habilidades entendiam o processo de letramento do ponto de vista meramente individual e cognitivo, e o ensino era baseado no desenvolvimento de um conjunto de habilidades abstratas e sem necessária relação com a realidade sociohistóricocultural dos envolvidos no processo (MAGNANI, 2011, p. 02). Para o autor, a abordagem nesses moldes é simplista e inadequada, pois não atende a demanda da complexidade dos sujeitos, que multifacetados, lidam com a linguagem em seu cotidiano também dinâmico e incompleto. Essa visão também é inconclusiva por entender o domínio da língua alvo com foco na leitura ou na escrita de forma segmentada, possível de ser testada sem nenhuma interdependência. Em outras palavras, "o processo envolve a quebra dessa habilidade, indo de etapas simples a complexas cujas partes podem ser avaliadas independentemente" (MAGNANI, 2011, p. 02).

Os estudos sobre os Novos Letramentos Sociais (com foco nas práticas sociais) e sobre Multiletramentos (visão transformativa / crítica) no ensino de línguas adicionais surgiram da necessidade de reconhecer e nomear algumas práticas sociais de leitura e escrita que vão além do simples ato de adquirir habilidades mecânicas de leitura como codificação e decodificação, para a capacidade de interpretar, entender, criticar, ressignificar e produzir conhecimento. Ademais, devido aos processos de globalização e ao uso mais democrático das novas tecnologias digitais, tem havido uma demanda por uma reconfiguração nas formas de comunicação e produção de conhecimento que foram fortalecidas e que exigiram novas reflexões sobre os processos educacionais e sobre o posicionamento em sociedade civil, consequentemente nos processos de letramento social e digital (KRESS, 2003). A seguir, será traçado o percurso das abordagens dos Novos Letramentos Sociais (NLS) e dos Multiletramentos.

Novos Letramentos Sociais

O termo "Novos Letramentos Sociais" foi cunhado por Gee (1996) para denominar estudos que relacionam letramento, linguagem em uso e prática social, não somente considerando o âmbito cognitivo dessas práticas. Street (2003, p. 77) atribuiu ao termo NLS o sintagma "novo" devido a virada social implicada nesse paradigma. Nessa proposta, há uma extensão progressiva do conceito de codificação e decodificação de textos que propiciam a apreensão do conhecimento do código linguístico, para o conceito de letramentos que consiste na qualificação dos aprendizes nas práticas sociais da linguagem, do seu uso e dos domínios discursivos (MOTTA-ROTH, 2012).

Estes estudos foram influenciados pelas propostas de Vygotsky (1987), Heath (1983), Lankshear; Bigum (1997), pois além de uma visão das práticas de letramento autônomo, propõem uma perspectiva ideológica utilizando uma metodologia etnográfica demonstrando que os processos se constituem em contextos culturais e sociais diversos (STREET, 2003; BEVILAQUA, 2013). A etnografia escolar como metodologia consiste no estudo de um grupo social ou cultural por um período, no registro escrito e da análise e interpretação dos pressupostos desse grupo (STREET, 2012, p. 5). Para o autor, a etnografia pode ser desenvolvida em três níveis:

[...] no alto nível, o pesquisador se assemelha ao antropólogo, cujo trabalho se encaixa nos princípios metodológicos descritos por Street, acima; no nível intermediário, o pesquisador adota uma perspectiva etnográfica, cuja abordagem não é tão abrangente quanto a do antropólogo; Por fim, na base, o trabalho etnográfico do pesquisador corresponde ao uso de instrumentos de etnografia (STREET, 2012 *apud* BEVILAQUA, 2013, p. 103).

Street (2003, p. 77) propôs o contraste entre o letramento autônomo e o letramento ideológico baseado em seus estudos etnográficos. Segundo ele, o letramento autônomo é desenvolvido por meio de um currículo rígido, longe da realidade dos alunos, fora da esfera social da construção do conhecimento, com conteúdos segmentados lecionados sequencialmente. Segundo Bevilaqua (2013), a abordagem nesse modelo promove mudanças cognitivas e sociais da aprendizagem, mas não considera as condições sociais, culturais e econômicas inerentes à vida social e a escrita é um produto não relacionado ao contexto.

Os Novos Letramentos Sociais (NLS) propõem o letramento ideológico que amplia a perspectiva autônoma, demonstrando que todas as práticas de letramento envolvem estruturas cognitivas, sociais, culturais e "também de poder em uma sociedade" (KLEIMAN, 1995, p. 38). Esse modelo compreende a aprendizagem da língua como práticas sociais plurais e não simplesmente uma habilidade técnica e neutra (STREET, 2003). No modelo ideológico, o letramento é uma prática a ser problematizada, pois é um ato que envolve pressupostos ideológicos e políticos. Por essa razão, segundo Bevilaqua (2013), os teóricos da NLS elaboram os termos prática de letramento Street (1984) e evento de letramento (HEATH, 1983). A prática de letramento, segundo o autor, é mais abrangente do que o evento de letramento e é "definido como uma concepção cultural mais ampla das formas de pensar e ler e escrever em contextos culturais" (STREET, 2003, p. 79). Os eventos de letramento fornecem formas de interpretação e padrões interativos que conduzem à produção escrita, que é considerada um processo contínuo que envolve planejamento, reconstrução, revisão e modificação (BEVILAQUA, 2013).

Na figura abaixo, Bevilaqua (2013) sintetiza parte dos principais conceitos que compõem o NLS:

Figura 1: Prática e evento de letramento na perspectiva ideológica

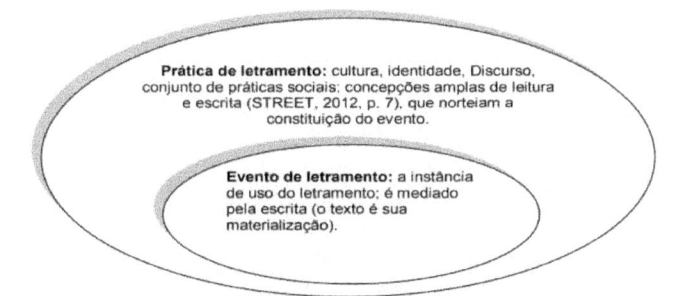

Prática de letramento: cultura, identidade, Discurso, conjunto de práticas sociais; concepções amplas de leitura e escrita (STREET, 2012, p. 7), que norteiam a constituição do evento.

Evento de letramento: a instância de uso do letramento; é mediado pela escrita (o texto é sua materialização).

Fonte: Bevilaqua (2013, p. 105)

Nessa perspectiva ideológica, tanto do ponto de vista linguístico quanto semiótico, a relação estabelecida entre os aprendizes com a língua não é abstrata, mas diversificada, dependente do contexto multicultural (MAGNANI, 2011, p. 04). Desta forma, segundo o autor, a abordagem focada na complexidade glocal[1] dá a oportunidade de refletir sobre as diferenças e diversidades identitárias e culturais e sua relação com os usos concretos da língua.

Partindo da perspectiva de letramento ideológico, por entender que a construção de sentido se constitui dentro de relações culturais, entende-se também que "todo momento de significação envolve transformação das fontes disponíveis de sentido". E nesse prisma, a abordagem de Multiletramentos, a ser apresentada a seguir, desloca a relação que o sujeito possui com a linguagem, a construção de sentidos e o aprendizado, pois ele passa a ser participativo na criação e na construção de sentido, transformando a linguagem e se transformando, assumindo um posicionamento de *designer* (MAGNANI, 2011, p. 04).

Abordagens de Multiletramentos

Na década de 1990, um grupo de pesquisadores denominados *"The New London Group"* debateu sobre a necessidade de repensar as práticas de alfabetização e os problemas do sistema educacional, principalmente devido às disparidades nos resultados educacionais que pareciam não estar melhorando nos Estados Unidos, Austrália e Reino Unido. Cope & Kalantzis (2009) ressaltaram a importância desse manifesto construído nesse evento que agregava à perspectiva dos Novos Letramentos Sociais o (multi-) prefixo da denominação Multiletramentos.

A abordagem de Multiletramentos, em geral, é um termo que surgiu da necessidade de seguir as novas formas de comunicação, especialmente no ambiente tecnológico. Atualmente, o ensino dentro dessa perspectiva se concentra no aprendizado que reconhece o universo multimodal onde é possível trabalhar desenvolvendo a alfabetização crítica e digital, baseado no conceito de estruturação e dentro das premissas da prática situada, instrução explícita, concepção crítica e prática transformada (BEVILAQUA, 2013, p. 108). Segundo a autora, o desafio de considerar e usar a multimodalidade no

---

[1] Glocal ou glocalização é um neologismo resultante da fusão dos termos global e local e refere-se à presença da dimensão local na produção de uma cultura global. Robertson (1995) afirma que esse conceito restitui à globalização a sua realidade multidimensional; a interação entre global e local evitaria que a palavra "local" definisse apenas um conceito identitário, contra o "caos" da modernidade considerada dispersiva e tendente à homologia.

124

ensino envolve mudanças nos padrões de interação e modos de comunicação influenciados pela diversidade cultural e lingüística em diferentes contextos sociais e novas formas de construção de significado digital: visual, escrita, espacial, tátil, gestual, auditivo e oral.

A prática situada, defendida pelo *New London Group*, que já foi discutida por Ausubel *et al.* (1983) na Teoria da Aprendizagem Significativa, aponta que valores, experiências e conhecimento anteriores dos alunos e de suas comunidades locais podem ser usados como ponto de partida para a expansão e o aprendizado de conceitos mais complexos. Ao planejar aulas que trazem a realidade dos alunos para a escola, o professor promove a motivação, a aprendizagem significativa e as oportunidades de viver a experiência de aprendizagem de línguas adicionais (COPE; KALANTZIS, 2009, p. 184-5). Segundo os autores, inclui uma imersão na experiência, o uso de *designs* disponíveis e de significado, incluindo aqueles relacionados às experiências de vida dos alunos e simulações de relacionamentos que podem ser encontrados em espaços profissionais e públicos. Essa premissa, segundo Bevilaqua (2013, p. 108), é explicada "pela cognição humana que é socioculturalmente situada e contextual e representa a imersão em práticas significativas em uma comunidade de aprendizes, levando em conta as necessidades socioculturais e suas identidades".

Concepção ou instrução explícita consiste na intervenção direta de alunos e professores na construção coletiva do conhecimento. Nesse processo, conceitos ou conhecimentos prévios, já disponíveis na estrutura cognitiva, servem de arcabouço para interação com novos conhecimentos. Os pontos de ancoragem são formados pela incorporação de elementos (informações ou idéias) relevantes para a aquisição de novos conhecimentos, com posterior organização, a fim de generalizar progressivamente, formar conceitos e possivelmente desenvolver "pensamentos de ordem superior", ou seja, capacidade de análise, síntese e avaliação (VYGOSTKY, 1987, COPE; KALANTZIS, 2009, p. 184-5). Na aprendizagem de línguas adicionais significa ser explícito como a linguagem funciona para fazer sentido. Isso significa envolver os alunos no papel de aprendiz com o professor no papel de especialista em sistema de linguagem e função. Significa uma ênfase no conteúdo, na estrutura e na sequência dos passos pelos quais um aluno passa para se tornar letrado em um ambiente educacional formal. Isso significa um novo papel para livros didáticos em alfabetização. Significa ensinar gramática novamente (COPE, KALANTZIS, 1993, p. 1).

A concepção crítica ou análise envolve o processo de desenvolvimento de capacidades críticas, entendido por Cope e Kalantzis (2009) de duas maneiras: análise funcional, baseada em processos de raciocínio, inferências, conclusões dedutivas e relações lógicas entre os elementos textuais; A análise crítica, baseada na avaliação da representação do mundo, interroga as razões e propósitos que estão por trás de um significado ou ação.

Por fim, a prática transformada ou transferência, na qual alunos e professores aplicam o que aprenderam, intervindo no mundo da forma que "considera os interesses, experiências e aspirações dos aprendizes, causando uma transformação na realidade circundante" (BEVILAQUA, 2013, p. 108). Vian Jr. (2018) contrasta as propostas do *New London Group* (1996) e as de Cope Kalantzis (2000) em perspectiva e os elementos podem ser estabelecidos como no Quadro 1:

Quadro 1: Propostas do *New London Group* e Cope & Kalantzis (2000)

New London Group (1996)	Cope & Kalantzis (2000)
Prática Situada Instrução Explícita Concepção Crítica Prática Transformada	Experienciar Conceptualizar Analisar Aplicar

Fonte: Vian Jr. (2018, p. 360)

Nesse sentido, inclui preparar os alunos para serem usuários funcionais, que são criadores de significados, analistas e críticos, bem como transformadores, sinalizando para a relevância de uma perspectiva crítica para a alfabetização, incluindo a formação de analistas e usuários críticos (VIAN, JR, 2018, p. 360). Segundo Street (2012), esses elementos acima referem-se aos pressupostos pedagógicos da teoria dos Multiletramentos, que se preocupa em compreender o que os sujeitos, em diferentes contextos, realizam através de práticas situadas mediadas pela leitura e escrita e como aprendem através de *designs* (STREET, 2012).

O conceito de *design de significado* é o conceito que materializa as concepções de construção de significado, interesse, agência e multimodalidade, necessárias ao ensino na contemporaneidade e explicadas no decorrer do texto. Segundo Bevilaqua (2013, p. 106), os *designers* são os professores, estudantes e profissionais que propõem que a concepção de linguagem, aprendizagem e mundo são representações dinâmicas que envolvem estruturas (sistemas, formas e convenções de sentido) e atos de construção de significado. No contexto escolar, professores e alunos, em um processo criativo, são os agentes que representam e constroem conhecimento.

O *design* é uma espécie de inteligência criativa que os alunos precisam ser capazes de redesenhar em situações de uso da linguagem e reconstrução do conhecimento, e este conceito compreende que o conhecimento é construído de várias maneiras diferentes, cada uma com seus próprios limites e possibilidades únicas. As *affordances* são as possibilidades de ação que o ambiente oferece ao agente (GIBSON, 1979). No ambiente virtual, as *affordances* cobrem tudo o que o ambiente virtual oferece aos usuários, e a maneira de perceber ou entender essas ferramentas e informações é orientada e atribuída a ações. De acordo com Cope; Kalantzis (2009, pp. 175-6), o projeto consiste em três aspectos:

> *designs disponíveis* ou recursos culturais e contextuais que incluem a gramática de vários sistemas linguísticos semióticos usados para a construção de significado, incluindo modo, gênero e discurso; *designing* ou processo de construção e recontextualização da representação mundial através dos recursos disponíveis e *redesign* que remete ao mundo transformado em novo *design* disponível, que instancia novos significados (BEVILAQUA, 2013, p. 108).

Os autores esclarecem que esses elementos não constituem um marco teórico estático para a prática docente; pelo contrário, *design* representa a direção que está sempre se movendo, contra as noções inertes de aquisição e competência (COPE; KALANTZIS, 2009, p. 177). Para o autor, no processo de *design*, destacam-se a criatividade, o dinamismo, a inovação, o interesse e a motivação do produtor de significado em segundo plano. Essas categorias são eminentemente culturais e ideológicas porque estão relacionadas a diferentes visões de mundo de diferentes sujeitos em diferentes contextos. Segundo Bevilaqua (2013), na perspectiva de multiletramentos, a cada novo processo de *design*, o sujeito produtor de significado mobiliza recursos de sentido disponíveis, aos quais acrescenta suas especificidades e peculiaridades construídas na interação social, que configuram sua identidade, motivação e interesse, sempre resultando em um novo recurso recriado, transformado, nunca meramente reproduzido.

A concepção de ensino no projeto a ser apresentado baseia-se nos processos de Multiletramentos, na interculturalidade e no uso da língua como discurso e mediador da prática das relações socioculturais. Esta é a concepção em que se baseiam as práticas de ensino-aprendizagem descritas abaixo.

Be the change, take the challenge: abordagem metodológica

Be the change, take the challenge (Seja a mudança, aceite o desafio) é um projeto global colaborativo criado por Barbara Anna Zielonka em 2017 para alunos do ensino médio que envolveu 101 professores de escolas de todo o mundo para aprender, debater e promover ações baseadas nos Objetivos de Desenvolvimento Sustentável (ODS) e Global da ONU. A figura 2 abaixo localiza as escolas participantes.

Figura 2: Escolas Participantes – Mapa Interativo do projeto

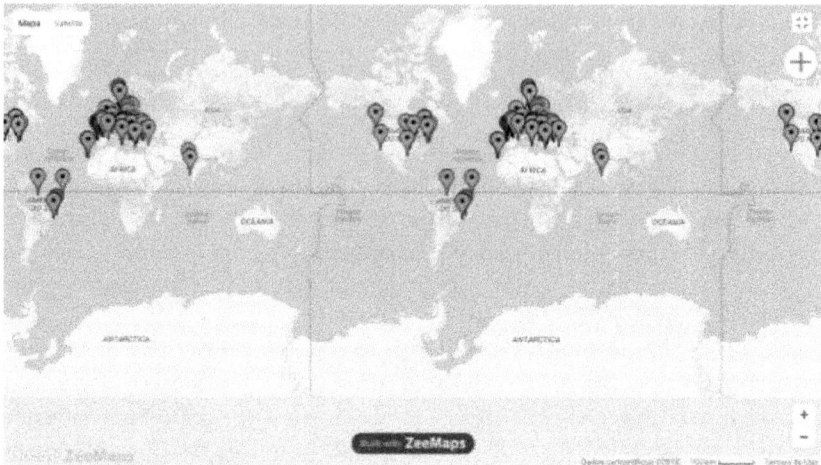

Fonte: Dados do projeto

Escolas da Albânia, Brasil, Canadá, Egito, Espanha, França, Grécia, Índia, Itália, Japão, Nepal, Noruega, Noruega, Polônia, Portugal, República Tcheca, Sri Lanka, Suécia, Turquia e Estados Unidos participaram do projeto e o Instituto Federal Minas Gerais Campus Ouro Preto, uma escola brasileira de ensino médio técnico participou ativamente em todas as etapas na ocasião. A divulgação do projeto foi feita nas redes sociais no primeiro semestre de 2017 pela hashtag principal #bethechangetakethechallenge. O objetivo do projeto é que alunos e professores do ensino médio façam conexões internacionais com colegas, especialistas de todo o mundo e desenvolvam sua interlíngua, melhorem suas habilidades de investigação e resolução de problemas com base na perspectiva da aprendizagem colaborativa, como pode ser visto na figura 3.

Figura 3: Proposta do projeto global e colaborativo

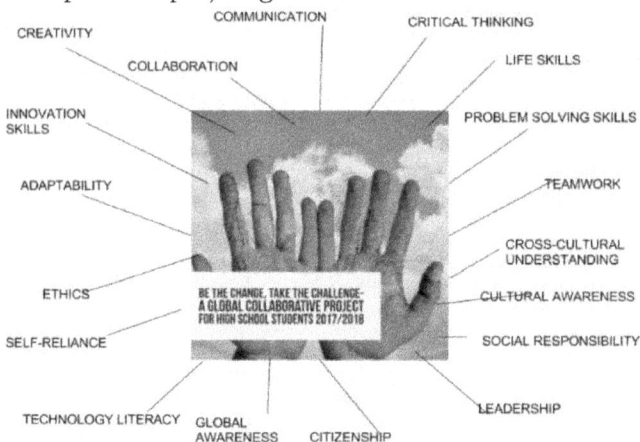

Fonte: Dados do projeto

No projeto, desenvolvido na perspectiva de Multiletramentos, alunos e professores como *designers*, trabalharam em colaboração por oito meses para aprender inglês, entendendo melhor os ODS (Objetivos de Desenvolvimento Sustentável) e os desafios para alcançá-los. Os grupos de 101 escolas de todo o mundo aprenderam a lidar com os problemas enfrentados diariamente pelas pessoas em todo o mundo, definiram esses problemas, geraram, avaliaram, selecionaram e implementaram soluções para alguns deles. Durante o projeto, os professores e alunos se envolveram para cumprir os objetivos e desenvolver as habilidades:

- desenvolver compreensão e aprender formas de resolução de problemas;
- identificar as habilidades para participar na resolução de problemas;
- melhorar as habilidades em Inglês e no uso das TICs;
- conhecer estudantes internacionais e tornarem-se parte de uma comunidade global;
- participar de conversas instigantes e de atividades de auto-reflexão via Skype;
- tornarem-se usuários competentes de ferramentas de TIC na educação;
- construir conhecimentos factuais sobre problemas globais;
- aprender a se expressar online;
- compartilhar as informações que aprenderam.
- conectaram-se com educadores em outras escolas em todo o mundo;
- construir conhecimentos para se sentirem mais confiantes em ensinar conteúdos globais em suas salas de aula;
- planejar uma experiência global de aprendizado;
- desenvolver atividades para ensinar inglês em torno dos ODS.
- melhorar suas habilidades no uso das TICs.

Tendo esses objetivos em mente, professores e alunos organizaram-se para aprender e agir sobre questões sociais, ambientais e políticas relativas ao nosso planeta. Eles participaram de várias tarefas que ajudaram os alunos a se familiarizarem com os ODS e desenvolverem suas habilidades de resolução de problemas. Estar exposto a tantos pensamentos, atitudes, opiniões e soluções diferentes tem sido uma grande surpresa para muitos estudantes e professores que nunca trabalharam em equipes internacionais antes. Além disso, os alunos foram convidados para várias sessões de Skype para que pudessem melhorar suas habilidades de produção oral e apresentação em tempo real. A Figura 4 é o site criado para publicar todas as informações sobre o projeto, incluindo curadoria de conteúdo, atribuições e resultados:

Figura 4: Projeto global colaborativo para o ensino médio

Fonte: Dados do projeto

De acordo com Zielonka (2017), os Objetivos de desenvolvimento Sustentáveis da ONU são construídos com base na ideia de parceria, cooperação e colaboração, e é isso que justifica a ênfase na colaboração global do projeto. A autora afirma que os alunos, independentemente de sua idade ou do tipo de curso que estão cursando, devem ser ensinados sobre os ODS para desenvolver as habilidades do século XXI.

Resultados

Nesta seção, alguns dos resultados serão apresentados e discutidos, agrupados de acordo com as fases do projeto, as ferramentas tecnológicas aprendidas e utilizadas para entender os ODS, bem como alguns exemplos e avaliações de alunos do IFMG e professores. Essas ferramentas são entendidas como *affordances* ou oportunidades de ação que o ambiente *online* proporciona aos usuários, neste projeto, aos professores e alunos.

O projeto foi lançado oficialmente no dia primeiro de setembro de 2017 inicialmente com 80 escolas. Vários vídeos e pôsteres foram criados, postados nas redes sociais e, além disso, algumas escolas lançaram a abertura em seus respectivos sites. O IFMG Ouro Preto lançou a campanha no site oficial e na página do Facebook, com uma chamada pública de participação direcionada a professores e alunos, como mostra a figura 5:

Figura 5: Lançamento do projeto no IFMG Ouro Preto

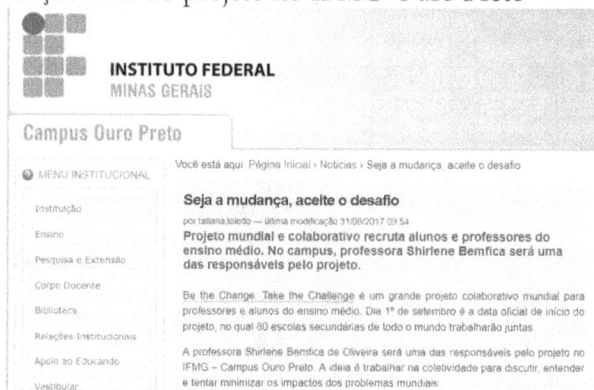

Fonte: http://www2.ouropreto.ifmg.edu.br/news/seja-a-mudanca-aceite-o-desafio

A partir do lançamento, o projeto se expandiu ainda mais, pois outras escolas ficaram motivadas a participar na medida em que os conteúdos e produtos educacionais produzidos pelos alunos foram compartilhados. A *Pearltrees* foi selecionada como principal ferramenta de curadoria de conteúdo para que houvesse uma organização das informações e o *Loomio* passou a ser o site principal de interação. Além dessas ferramentas digitais, o *Sutori* foi selecionado como ferramenta de criação de linha do tempo do projeto. Os professores que participaram tiveram acesso a plataforma *Loomio*, onde poderiam encontrar parceiros do projeto, fazer perguntas, discutir todas as tarefas entre si e atualizar suas habilidades e conhecimentos relacionados a ferramentas recentes de TICs. O fato de terem esse espaço de interação ajudou a evitar mal-entendidos e conflitos durante o processo. A Figura 5 é a interface digital do projeto no *Loomio*:

Figura 6: Plataforma *Loomio*

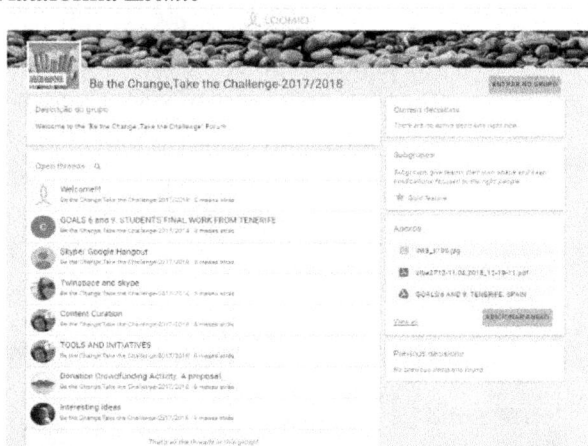

Fonte: Dados do projeto

Devido ao grande número de participantes, foram utilizadas diferentes ferramentas digitais para que todos os *links* pudessem ser armazenados em um único local. Isso contribuiu para o fácil armazenamento, filtragem, edição e compartilhamento de conteúdo relevante. Em julho e agosto, os professores preencheram todos os formulários de tarefas da tabela anterior (horários de sessões do Skype, entrevistas com educadores, álbuns de fotos, apresentações de professores) que foram postados no *site* principal. Em setembro, os alunos foram encorajados a se apresentar usando uma bio-poesia construída e compartilhada com o *Padlet* (mural digital). O mural digital abaixo foi construído por uma turma de ensino médio técnico em Metalurgia:

Figura 7: Biopoemas no Padlet

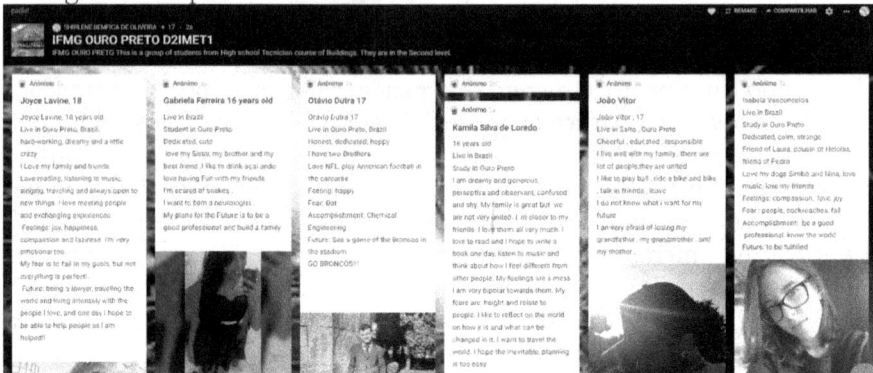

Fonte: Dados do Projeto

Os alunos do IFMG Ouro Preto se sentiram realmente entusiasmados e orgulhosos em postar suas biopoesias, suas fotos e seus resumos de discussões na página do projeto usando o *Padlet*. Eles aprenderam facilmente a usar o *Padlet* e foi uma maneira motivadora de usar seus telefones celulares na sala de aula. Outro trabalho motivador com o *Padlet* foi a criação de posteres respondendo a pergunta "Que mundo vocês querem ver em 2030?", como mostra a figura abaixo:

Figura 8: Que mundo você quer ver em 2030?

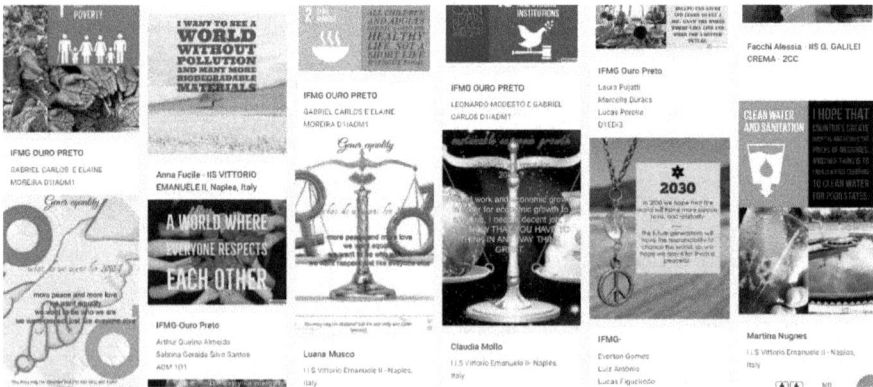

Fonte: Dados do Projeto

Para a maioria dos alunos, criar vídeos foi um desafio e a atividade que mais os impactou foi a sessão do *Skype,* conforme nos informa Karine:

A oportunidade de participar do projeto *Be the change take the chalenge* foi incrível, **principalmente nas sessões de Skype em que conversávamos com estrangeiros, algo que eu não tenho a possibilidade de realizar sempre e que considero super importante para a construção do**

conhecimento em uma língua estrangeira. Aprendi inglês na teoria e com esse projeto pude instituir na prática o que foi construtivo para "**improve my English**". Foram **atividades "fora da caixa"** que contribuíram para o estudo do inglês e o descobrimento de que há formas diferentes que professores podem ensinar. (Karine)

O quadro 2 abaixo apresenta o conjunto das atribuições e atividades propostas, as affordances ou ferramentas utilizadas, bem como os links para acesso aos produtos educacionais produzidos pelos alunos.

Quadro 2:
Be the Change, Take the Challenge

Tarefa	Nome	Ferramenta	Links para os produtos
1	Questionário inicial dos professores	Google Forms	https://goo.gl/GHymoK
1	Entrevista dos Educadores	Google Forms	https://goo.gl/J3dy67
1	O que torna um projeto global grandioso? (pôsteres)	Padlet	https://goo.gl/vw9UEQ
1	Biografia dos professores	Google Forms	https://goo.gl/S3xccj
1	Foto do país	Google Forms	https://goo.gl/pNRiHA
1	Feriados nas escolas	Google Forms	https://goo.gl/zrcY2X
1	Fotos e citações dos professores	Google Forms Google Slides	https://goo.gl/CbZSEP
1	Mapas interativos	Zee Maps	https://goo.gl/uJQBgC
1	Cronogramas das interações online	Google Docs	https://goo.gl/HJLHk1
1	Fotos dos grupos de alunos	Google Slides	https://goo.gl/otBJLs
1	Apresentação pessoal (Biopoemas)	Padlet	https://goo.gl/Eyi7pT
2	Problemas e desafios nas comunidades que precisam de atenção (pôsteres)	Padlet	https://goo.gl/MKAYWu
2	Quem é responsável pelos objetivos globais?	Google Slide Go Goals	https://goo.gl/A9fjmN http://go-goals.org/pt-pt/
2	Que mundo você quer ver em 2030?	Adobe Spark Padlet	https://goo.gl/MKAYWu
3	Ensine os ODSs com o Kahoot!	Kahoot	https://goo.gl/NBSMUU

3	Aplicativo "SDGs in Action"	Mobile Phones	https://goo.gl/ymxum5
3	Curadoria de conteúdos	Pearltress	https://goo.gl/iWJzN1
4	Apresentações Orais sobre os ODSs	Google Slides Genially Microsoft Sway	https://goo.gl/LDiv7R
4	Linha de tempo do projeto	Sutori	https://goo.gl/waJXDK
Eventos	Semana dos objetivos globais 16-23 de Setembro de 2017 Dia de Ação Global 25 de setembro de 2017 Dia das Nações Unidas 24 de outubro de 2017		http://globalgoalsweek.org http://act4sdgs.org/ https://goo.gl/ovZVn4 #UNDay

Fonte: Dados do Projeto

A maioria dos estudantes relatou que se sentiram motivados a interagir com pessoas de diferentes países para discutir questões tão sérias. Os excertos abaixo umas trazem algumas dessas considerações no tocante da importância da participação no projeto:

Ele (se referindo as aulas no instituto) é um inglês digamos que é divertido de se aprender. **Ele sai muito do cotidiano de uma escola que só impõe exercícios e exercícios, tarefas, testes. Ele vai muito além disso. Ele cria intervenções com o aluno** [...] O inglês daqui, a gente participa de criação de pôsteres, memes, a gente vai muito além de só **aprender, aprender matéria, matéria e teste.** A gente consegue aprender é (pausa) **o inglês por meio de formas divertidas, entendeu?** [...] E além disso, agora a gente tá trabalhando com as **metas que a gente vai querer ver em 2030 e isso é muito importante**, a contribuição (pausa) porque a gente coloca o ideal que cada um tem, **o que a gente quer ver de mudança no mundo e com isso a gente consegue expressar isso tudo através de panfletos**, enfim, **textos**, tudo em inglês. (Emilly)

Porque o... (pausa) projeto que a gente tá agora também... (pausa) vai durar mais anos, e... (pausa) **porque a gente vai fazer ele em todas as aulas, o conteúdo entra nessa matéria também**... nesse projeto nosso... (pausa) só que... (pausa) **também distancia um pouco às vezes**, mas... (pausa) **com ele dá pra aprender** (Sandra)

Em relação ao projeto creio que poderei destacar somente os **pontos**

positivos, pois em termos gerais **as experiências linguísticas e sociais** foram um marco em minha carreira como professor em formação. Preparar as aulas, estudar e estruturar discursos a fim de **criar debates em torno das metas globais para que de forma moderna, contextualizada e prática possamos através de um trabalho colaborativo entre professor e aluno repensar e refletir sobre a sociedade na qual estamos inseridos**, são pontos cruciais e de notória importância para um resultado produtivo após participar do projeto (Juan).

Emily nos traz, nesse episódio discursivo, a mudança percebida na abordagem de ensino com a participação no projeto global que quebrou a rotina da sala de aula, promovendo um ensino inovador, lúdico e mais interessante. Emily compara com o ensino tradicional que considera massante e que se configura com o ciclo *"aprender, aprender, matéria, matéria e teste"* com a abordagem proposta pelo projeto em que o aluno é protagonista que produz conhecimento de forma mais autônoma.

Sandra traz o efeito que o projeto tem na vida dela. Apesar de a proposta inicial ser de um ano de participação enquanto eles são alunos da professora pesquisadora, a aluna vê a possibilidade de continuar as ações propostas. E Juan, o estagiário do programa PIBID teve a oportunidade de planejar ações de forma colaborativa com o professor do Instituto Federal. Ele aponta para a importância das dimensões sociais do ensino de línguas.

Professores entusiastas de diferentes disciplinas, culturas e origens reuniram seus recursos e idéias criando uma crescente rede comunitária de recursos e apoio. O trecho abaixo são algumas das crenças, preocupações e avaliações dos professores sobre o projeto:

Eu sou um grande fã de projetos eTwinning e adoro trabalhar com a Barbara. O projeto é válido e de tópicos importantes de hoje e do futuro (Fearn).

Eu acredito que a mudança para melhor é possível (...). Os problemas sociais estão em toda parte e, se nos unirmos, podemos compartilhar idéias para resolver problemas e podemos ver diferentes alternativas (Oliveira).

Os estudantes têm que saber quais são as oportunidades para inovações e serem sempre aprendizes colaborativos. Na minha opinião, os professores devem ser capazes de dar voz e escolha aos alunos em primeiro lugar, tornando-os atores principais do seu processo de crescimento. Além disso, devemos ir além dos fatos e das noções e torná-los capazes de se tornarem pensadores críticos e pessoas que sabem gerenciar problemas (Rughi).

Tornar-se global é a questão que eu pessoalmente acho que é o foco principal. Os estudantes precisam saber o que acontece em nosso mundo, quais são os principais problemas em nossa sociedade. A Internet oferece muita informação, no entanto, os jovens tendem a olhar superficialmente para o seu entorno. Este projeto oferece-lhes a possibilidade de se familiarizar com fatos reais, eles são capazes de olhar para os problemas reais, entrar nos problemas e tentar resolvê-los. A resolução de problemas é uma grande atividade, abriria suas mentes e se prepararia para uma tarefa mais ampla (Ferrarese).

De acordo com Mahatma Gandhi, "Você deve ser a mudança que deseja ver no mundo." Acredito que é uma grande oportunidade para ensinar aos alunos a responsabilidade e mostrar a eles que cada indivíduo pode fazer a diferença (Siwczak).

Eu acho que adolescentes (e professores) precisam conhecer e trabalhar com os pares de países estrangeiros para desenvolver uma atitude global e crescer como cidadãos globais para garantir um futuro melhor para o mundo inteiro (Cherri).

Fico feliz quando o aluno pode trabalhar em conjunto, aprender uns com os outros e descobrir novos mundos. Além disso, nosso projeto foi um grande desafio para mim (Jandiová).

O criador do projeto com quem tive a honra de trabalhar no ano passado em outro projeto, todos os professores dedicados ao redor do mundo, o networking que leva a muitas amizades e, acima de tudo, o assunto que trata do desenvolvimento sustentável e resolução de problemas (Wilhelmsson).

Havia muitos professores e países envolvidos e tudo estava muito bem organizado. Este ano, o tema dos objetivos de desenvolvimento sustentável é realmente atraente e atualizado, e acho que todos deveriam fazer algo para salvar o planeta (Pesce)

Os professores avaliaram positivamente a participação no projeto. A maioria das justificativas abrangia o discurso da possibilidade e da oportunidade. Afirmaram que era uma oportunidade valiosa para promover a autonomia dos alunos, para dar voz a eles, para realizar ações, **para** resolver problemas reais e para usar o idioma inglês para propósitos significativos. 97% dos professores afirmaram que o projeto correspondeu às suas expectativas, 94% deles concordaram que a participação neste projeto os ajudou a desenvolver suas habilidades no uso das TICs.

Considerações finais

Os resultados apontam para o engajamento global e o desenvolvimento e reforço de competências em professores e alunos que participaram. Essas competências são vitais para a criação de aprendizes globais que precisam entender a importância dos ODS e serem capazes de lidar com eles (ZIELONKA, 2017). Os alunos podem atuar juntos para criar oportunidades para todas as pessoas que vivem na Terra, enfatizando o desenvolvimento de conhecimentos, habilidades e atitudes, colaborando e cooperando juntos. Os professores poderiam conhecer outros professores de todo o mundo, construir sua rede de aprendizado profissional e melhorar suas habilidades no uso das TICs (ZIELONKA, 2017).

As ferramentas tecnológicas, como *affordances* e o contexto virtual, foram importantes para ampliar as percepções dos estudantes e fomentar suas ações. Essas *affordances* trouxeram uma nova perspectiva sobre o uso de tecnologias na aprendizagem do inglês e como meio de promover o ativismo social, permitindo aos participantes ver as consistências e inconsistências do processo. Os resultados indicam que os estudantes do ensino médio tiveram percepções positivas do projeto e mostraram um entendimento e altos níveis de eficácia em relação aos ODS. As descobertas sugerem a importância dessa experiência de aprendizagem colaborativa para ajudar os alunos a desenvolver conhecimento, habilidades e disposições cívicas.

Referências

AUSUBEL, David Paul; NOVAK, Joseph Donald; HANESIAN, Helen. *Psicología educativa*: Un punto de vista cognoscitivo. 2. ed.Trillas México, 1983.

BEVILAQUA, Raquel. Novos Estudos do Letramento e Multiletramentos: Divergências e Confluências. *RevLet* – Revista Virtual de Letras, v. 05, nº 01, jan./jul, p. 99-114, 2013.

COPE, Bill.; KALANTZIS, Mary. (Eds.). *The powers of literacy: a genre approach to teaching writing.* London/New York: Routledge, 1993.

COPE, Bill.; KALANTZIS, Mary. (Ed.). *Multiliteracies*: Literacy learning and the design of social futures. London: Routldge, 2000.

COPE, Bill; KALANTZIS, Mary. *Multiliteracies: New literacies, new learning. Pedagogies: An International Journal,* Nanyang Walk, v. 4, n. 3, p. 164-195, 2009.

GEE, James Paul. *Social linguistics and literacies: ideology in discourses.* London: Falmer, 1996.

GIBSON, James Jerome. *The Ecological Approach to Visual Perception.* Houghton Mifflin Harcourt (HMH), Boston, 1979.

HALL, Stuart. *A identidade cultural na pós-modernidade.* Rio de Janeiro: DP&A, 2011.

HEATH, Shirley Brice. *Ways with words: Language, life, and work in communities and classrooms.* Cambridge: Cambridge University Press, 1983.

KLEIMAN, Angela B. *Os significados do letramento.* Campinas: Mercado das Letras, 1995.

KRESS, Gunther. *Literacy in the new media age.* London: Routledge, 2003.

LANKSHEAR, Colin; BIGUM, Chris. et al. Digital Rhetorics: Literacies and Technologies in Education - Current Practices and Future Directions. *3 vols. Project Report.* Children's Literacy National Projects. Brisbane: QUT/DEETYA, 1997.

MAGNANI, Luiz Henrique. Um passo para fora da sala de aula: novos letramentos, mídias e tecnologias. In: JORDÃO, Clarissa Menezes (org.) Letramentos e Multiletramentos no Ensino de Línguas e Literaturas. *Revista X*, v.1, 2011. Disponível em: https://revistas.ufpr.br/revistax/article/download/23248/16913 Acesso em: 06/03/2019.

MOTTA-ROTH, Desireé. Letramento científico: sentidos e valores. *Revista Notas de Pesquisa,* Santa Maria, v. 1, n. 0, p. 12-25, 2011. Disponível em: http://cascavel.ufsm.br/revistas/ojs-2.2.2/index.php/nope/article/view/3983 Acesso em: 4 mar. 2019.

OLIVEIRA, Shirlene Bemfica. Produção escrita colaborativa: o olhar de aprendizes da língua inglesa sobre a arte. *FóRUM LINGUÍSTICO*. Programa de Pós-Graduação em Linguística. UFSC, Florianópolis, v. 14, n. 2, abr. / jun., 2017, p. 2152-2172.

RAJAGOPALAN, Kanavillil. *Por uma Linguística crítica: linguagem, identidade e a questão ética.* São Paulo: Parábola Editorial, 2004.

ROBERTSON Roland. Glocalization: time-space and homogeneity-heterogeneity. In: Featherstone Mike, Lash Scott, Robertson Roland. (Ed.) *Global modernities.* London: Sage; 1995.

SILVA JÚNIOR, José Henrique. O uso da tecnologia no ensino de língua estrangeira. In: *Revista HELB*, ano 6, n. 6, 2012. Disponível em: http://www.helb.org.br/index.php?option=com_content&view=article&id=198:o-uso-da-tecnologia-no-ensino-de-lingua-estrangeira&catid=1112:ano-6-no-6-12012&Itemid=17

STREET, Brian. At Last: Recent Applications of New Literacy Studies in Educational Contexts. *Research in the Teaching of English* n. 39, v. 4, p. 417–423, 2005.

STREET, Brian. V. *Literacy and multimodality.* 2012. Disponível em: <http://arquivos.lingtec.org/stis/STIS-LectureLitandMMMarch2012.pdf>. Acesso em: 23 jun. 2012.

_____. *Literacy in theory and practice.* Cambridge: Cambridge University Press, 1984.

_____.What's new in New Literacy Studies? Critical Approaches to Literacy in Theory and Practice. *Current Issues in comparative Education,* New York, vol. 5, n.2; p. 77-91.2003.

VIAN JR., Orlando. Os multiletramentos e seu papel no conhecimento de professores de línguas: por uma perspectiva sistêmica e complexa. In: *D.E.L.T.A.*, n. 34, v.1, 2018, pp. 351-368.

VYGOTSKY, Lev Semenovick. *A formação social da mente.* São Paulo: Martins Fontes. 1987.

ZIELONKA, B. A. *Global & Collaborative Project for High Students* 2017/ 2018. Disponível em: https://bethechangetakethechallenge.wordpress.com/ Acesso em 20/04/2019.

10

"DINÂMICA INTERACIONAL" PARA GERENCIAMENTO DE APRENDIZAGEM DE LÍNGUA ESTRANGEIRA BASEADA NA TEORIA DA COMPLEXIDADE

VICENTE AGUIMAR PARREIRAS

Introdução

O trabalho pedagógico com foco no desenvolvimento equilibrado das habilidades de produção e recepção escritas e orais no ensino de inglês em escolas regulares brasileiras ainda não encontrou o espaço adequado. Apesar de sabermos que aprender a falar e compreender textos orais são expectativas legítimas dos aprendizes de qualquer língua adicional, há uma tendência a se privilegiar as práticas de produção e recepção de textos escritos nas escolas regulares convencionais.

Os PCN (1998) difundiam a crença equivocada de que o ensino de uma língua adicional deveria priorizar a leitura, o que era justificado por argumentos como este:

> [...] somente uma pequena parcela da população tem a oportunidade de usar línguas estrangeiras como instrumento de comunicação oral, dentro ou fora do país. Mesmo nos grandes centros, o número de pessoas que utilizam o conhecimento das habilidades orais de uma língua estrangeira em situação de trabalho é relativamente pequeno (BRASIL, 1998, p. 20)

Embora concorde que um professor que não domina as habilidades orais terá dificuldade em desenvolvê-las em sala de aula, acredito que ele pode também desenvolver suas próprias habilidades ao se apoiar no material didático, especialmente, atualmente com o auxílio das tecnologias digitais e as mudanças que aconteceram com a inclusão de língua estrangeira nos editais do Programa Nacional do livro didático (PNLD), a partir de 2011.

Dessa perspectiva sociointeracionista, derivou a proposta da Dinâmica Interacional Pedagógica Adaptativa Complexa - DIPAC que foi concebida e validada sob o modelo teórico de aprendizado construtivistas, de forma a propiciar que o aprendizado seja uma atividade decorrente da interação entre as pessoas, dessas com o mundo e com o conhecimento prévio de cada indivíduo.

Interação e aprendizagem de línguas estrangeiras
Jean Piaget e Lev Vygotsky

Jean Piaget (Neuchâtel, 1896 – Genebra, 1980; psicólogo) e Lev Vygotsky (Bielorrússia, 1896 – Moscou, 1934; psicólogo) são nominados interacionistas e construtivistas, uma vez que preconizam que a construção do conhecimento é fruto de interações, ou seja, não há produção de conhecimento sem interação. Uma diferença substancial entre esses estudiosos é o tipo de mediação que fundamenta a teoria de cada um.

Para Piaget (1978), o conhecimento se constrói à medida que as necessidades do indivíduo o levam a interagir com o meio. Ao se deparar com o novo, este é remetido a estruturas mentais de forma a identificar aquilo que a princípio desconhece. Esse mecanismo é chamado de assimilação, pois permite que novas informações sejam incorporadas pelos esquemas cognitivos pré-existentes. Face à impossibilidade de assimilar o novo, o sujeito ajusta ou cria esquemas mentais, o que é nominado de acomodação. Nesse momento ocorre a equilibração, que é o equilíbrio entre a assimilação e acomodação, ou seja, a transformação do conhecimento prévio em novo. Uma vez que o indivíduo é susceptível de contato com novas informações e experiências, poderá ocorrer o reinício desse processo cognitivo.

Piaget considera que o desenvolvimento cognitivo ocorre através da ação, concreta ou abstrata, de um sujeito sobre um objeto. Esse progresso cognitivo é contínuo, a partir de etapas de desenvolvimento que permitem, através da superação de fases anteriores, modificações na estrutura cognitiva prévia em virtude de novas ações e ou informações. De acordo com Piaget, a criança possui ao longo da infância níveis maturacionais diferentes, que propiciam apropriações cognitivas de acordo com seu estágio de desenvolvimento. O início e/ou o fim de cada fase sofre variações em virtude de fatores biológicos, quantidade/qualidade dos estímulos a que o indivíduo é exposto e, consequentemente, seu conhecimento previamente estabelecido.

O sociointeracionismo de Vygotsky preconiza que o conhecimento é construído e internalizado por interações sociais, através da ferramenta cultural linguagem, que age como instrumento psicológico para apoiar, organizar, planificar, modelar pensamentos e ações, assim como instrumento cultural para as interações em sociedade.

Vygotsky desenvolveu a ideia da cognição como uma atividade interacional interna (que se constitui do exterior para o interior, isto é, pela interação com o meio social, o indivíduo se constitui, subjetivamente, e constitui seus conhecimentos), originando o chamado *interacionismo social*. O autor considera as condutas humanas como ações significantes e, em consequência, as condutas verbais (linguageiras) como formas de ação, gerando as ações de linguagem. O fundamento básico de sua teoria é que os processos psicológicos superiores humanos são mediados pela linguagem e estruturados em sistemas funcionais, dinâmicos e historicamente mutáveis, na *mente;* e não em localizações anatômicas fixas no *cérebro*.

O modelo de aprendizado das ideias sociointeracionistas descreve a Zona de desenvolvimento proximal (ZDP), uma importante etapa na aquisição do conhecimento. Segundo Vygotsky (2007), há dois níveis de desenvolvimento do indivíduo o "nível de desenvolvimento real" e o "nível de desenvolvimento potencial". O aprendizado desperta processos internos de desenvolvimento que são operacionalizados quando o indivíduo interage com o outro mais experiente. Sendo assim, a Zona de Desenvolvimento Proximal é

> a distância entre o nível de desenvolvimento real, que se costuma determinar através da solução independente de problemas, e o nível de desenvolvimento potencial, determinado através da solução de problemas sob orientação de um adulto ou em colaboração com companheiros mais capazes (VYGOTSKY, 2007, p. 97).

Intimamente ligado à concepção da ZDP de Vygotsky é o termo *scaffolding*, que significa andaime em Língua Portuguesa. Cunhado por Wood, Bruner e Ross, na década de 70 do século passado, *scaffolding* remete à metáfora da construção de andaime, que se trata de uma estrutura temporária, utilizada para facilitar o acesso a um ponto mais alto, sendo retirado gradualmente quando não se torna mais necessário. Esse vocábulo é usado para descrever ações desenvolvidas por educadores para ajudar os aprendizes a construírem conhecimentos.

Vários outros estudiosos focaram suas pesquisas em teorias e processos eficazes para aquisição de línguas estrangeiras, dentre os quais destaco algumas a seguir.

Stephen Krashen (Input Hypothesis)
A hipótese do *input compreensível* ajuda a explicar como o aprendiz assimila uma segunda língua através de *acquisition. Comprehensible input* – linguagem inteligível – é o elemento chave para que ocorra a assimilação do idioma. O aprendiz progride na medida que recebe input inteligível. Linguagem inteligível é aquela que se situa num nível ligeiramente acima do nível de proficiência do aprendiz. É a linguagem que ele não conseguiria produzir mas que ainda consegue entender. Vai além da simples escolha de vocabulário. Pressupõe contextualização, explicação, uso de recursos visuais, linguagem corporal, negociação de significados e recolocação de pontos

obscuros em outras palavras. As ideias efetivamente transmitidas constituem a experiência do aprendizado.

Merrill Swain (Output Hypothesis)

Merrill Swain ao propor a hipótese de output compreensível (*Comprehensible Output Hypothesis*-(CO)), afirma que o aprendizado ocorre quando um aluno encontra uma lacuna em seu conhecimento linguístico da segunda língua (L2). Ao perceber essa lacuna, o aluno torna-se ciente disso e pode ser capaz de modificar seu *ouput* para que ele aprenda algo novo sobre a língua. Apesar de Swain não afirmar que o *output* compreensível é o único responsável por toda ou a maior parte da aquisição da linguagem, ela tem a pretensão de que, sob algumas condições, Comprehensible Output facilita a aprendizagem de uma segunda língua de tal maneira que difere de *output* e melhora devido aos processos mentais relacionadas com a produção da linguagem.

Conforme escreveu Swain: "A hipótese de output afirma que o ato de produzir linguagem (falar e escrever), constitui, sob certas circunstâncias, parte do processo de aprendizagem de uma segunda língua"(Swain 2005, p. 471).

Michael Long e Rod Ellis (Interaction Hypothesis)

Quando à quebra na comunicação entre os falantes, ela acontece e é sinalizada. Nela ocorrem modificações que, acredita-se, podem facilitar a aquisição da L2. Esse trabalho de interação é conhecido por *negociação de significado*, proposto inicialmente por Michael Long (1983, 1996) como uma das justificativas para entender como essas modificações linguísticas acontecem no diálogo do falante nativo com o aprendiz estrangeiro. Sendo assim, a premissa da negociação de significado foi definida por Ellis (1999) da seguinte forma: os aprendizes aprendem uma segunda língua por meio do processo de interação e não apenas manifestando o que eles já aprenderam *na* interação.

Ellis (1999) define esse mesmo conceito a partir da reformulação da Hipótese da Interação sugerida por Long (1996), que de início tinha como foco especificamente a interação entre dois ou mais sujeitos - portanto, interpessoal. A partir da reformulação dessa hipótese, duas visões distintas de interação foram consideradas: a então *interpessoal,* definida por Ellis (1999, p. 1) como "um comportamento social que ocorre e a *intrapessoal,* que ocorre dentro da mente de cada indivíduo. quando uma pessoa se comunica com outra" e a *intrapessoal,* que ocorre dentro da mente de cada indivíduo.

Foi a partir dessas duas visões sobre interação apresentadas por Ellis (1999), além da interação sujeito/objeto de aprendizagem também discutida por ele, que propus os quatro tipos de interação utilizados neste trabalho: interação aluno/vídeo, aluno/texto, aluno/professor e aluno/aluno, de forma que consideramos a interação aluno/texto e aluno/vídeo tipos de interação do sujeito com o objeto, uma vez que os participantes foram expostos a textos(oral e escrito), no primeiro caso,e a vídeos, no último. As demais interações foram consideradas do tipo interpessoal, visto que ocorreram através do meio oral e face a face.

Saliento que a interação intrapessoal permeia todos os outros tipos interacionais, uma vez que ocorre intramentalmente. Assim, para Ellis (1999, p. 30), "a essência da perspectiva interacionista é que a interação, seja ela interpessoal ou intrapessoal, exerce um papel fundamental ao criar condições para que a aquisição da primeira e segunda língua ocorra", condições estas que o presente estudo procurou também criar.

Teoria da complexidade
Morin (2005) discute complexidade a partir das noções aparentemente dicotômicas de ordem e desordem. Para o autor, a ideia de ordem traz em si as ideias de estabilidade, regularidade e repetição, ao passo que a ideia de desordem implica a necessidade de interações em busca de equilíbrio para as irregularidades, instabilidades, desvios que aparecem num sistema e o perturbam e transformam os encontros aleatórios, as desorganizações, os erros. As concepções de complexidade sugerem uma flexibilidade, de modo que, partindo de um contexto, pode-se estar aberto a possibilidades surgidas durante o percurso, com abertura para os *feedbacks* ou para novos fatos internos e externos àquele do contexto inicial.

Na teoria dos sistemas adaptativos complexos de Axelrod e Cohen (2000, p. 63-68), os agentes interagem por proximidade e por ativação, por meio de fatores que determinam o sequenciamento da sua atividade. Desse modo, o sistema se torna uma população que dá origem a eventos e a uma história. Esses eventos induzem processos de seleção e padrões de interação que podem ajudar a determinar o que será bem-sucedido para os agentes e para o sistema como um todo.

Design instrucional
Em um sentido amplo, o *design instrucional* tem sido empregado como o planejamento do ensino-aprendizagem. Segundo Filatro (2004), o design instrucional é o momento da concepção das propostas pedagógicas a serem alcançadas. Neste momento, o cenário no qual acontece a aprendizagem é especificado, incluindo-se as informações sobre os objetivos propostos, a avaliação, as estratégias de ensino-aprendizagem, as mídias a serem utilizadas e a descrição do material didático que será disponibilizado no curso.

O design instrucional da dinâmica das interações nessa proposta fundamenta-se na Hipótese Interacional (LONG, 1983; ELLIS, 1999). Ellis (1999, p. 4) afirma que "o envolvimento na interação oral interpessoal, na qual os problemas de comunicação surgem e são negociados, *facilita* a aquisição da língua". Essa dinâmica privilegia as interações dos alunos com o conteúdo (interação entre o aluno e o objeto de aprendizagem), bem como a interação e colaboração dos alunos entre si e com o professor (interações interpessoais). Paralelamente a esses dois tipos de interação, privilegia-se também a interação do aluno com o seu conhecimento prévio (interação intrapessoal) sobre o gênero discursivo em foco.

Nesse formato de aula, a ênfase é no aprendiz e no seu processo de aprendizagem por meio de uma dinâmica interacional planejada a priori.

Design instrucional da disciplina Língua Inglesa – EPTNM/CEFET-MG

Na disciplina "Língua Inglesa", ministrada por mim na EPTNM – CEFET-MG, Parreiras (2015) validei a minha proposta de uma Dinâmica Interacional Pedagógica Adaptativa Complexa – DIPAC, (PARREIRAS, 2015) levando para a sala de aula de língua inglesa uma dinâmica interacional que garantisse oportunidades significativas de interações, mesclando-se no *design* instrucional da disciplina o trabalho com gênero textual combinado com o trabalho com o livro didático – LD de língua inglesa.

O design instrucional da dinâmica das interações nessa proposta fundamenta-se na Hipótese Interacional (ELLIS, 1999) privilegiando as interações dos alunos com o conteúdo (interação entre o aluno e o objeto de aprendizagem), bem como a interação e colaboração dos alunos entre si e com o professor (interações interpessoais). Paralelamente a esses dois tipos de interação, privilegia-se também a interação do aluno com o seu conhecimento prévio (interação intrapessoal) sobre o gênero discursivo em foco, "job interview", uma vez que cada aluno recebe um texto exclusivo sobre o gênero discursivo do bimestre e que o gênero coincide com o momento em que os alunos das terceiras séries da EPTNM estão se submetendo a processos seletivos em busca de vagas como estagiários na área de cada curso profissionalizante.

Nesse formato de aula, o foco é o estudante e o seu processo de aprendizagem por meio de uma dinâmica interacional planejada a priori.

Dinâmica Interacional Pedagógica Adaptativa Complexa – DIPAC – (PARREIRAS, 2015)

ALUNOS	Individual Pág. LD	A	B	C	D	E	...	Link individual sobre o gênero discursivo "JOB INTERVEW"
Aluno 01	110 e 111	1						http://www.wikihow.com/Prepare-for-a-Job-Interview
Aluno 02	112 e 113	2						http://career-advice.monster.com/job-interview/interview-preparation/what-if-your-interview-is-tomorrow/article.aspx
Aluno 03	114 e 115	3						http://www.theguardian.com/careers/careers-blog/job-interview-checklist-how-to-prepare
Aluno 04	100 e 101		1					://www.prospects.ac.uk/interview_tips_how_to_prepare_for_an_interview.htm
Aluno 05	102 a 104		2					http://guides.wsj.com/careers/how-to-succeed-in-a-job-interview/how-to-prepare-for-a-job-interview/
Aluno 06	106 e 107		3					http://jobsearch.about.com/od/interviewsnetworking/ss/job-interview.htm#step1
Aluno 07	108 e 109		4					http://www.forbes.com/sites/jacquelynsmith/2013/01/11/how-to-ace-the-50-most-common-interview-questions/
Aluno 08	125 e 126			1				https://nationalcareersservice.direct.gov.uk/advice/getajob/interviews/Pages/default.aspx
Aluno 09	127 a 129			2				http://www.quintcareers.com/job_interview_preparation.html
Aluno 10	130 e 131			3				https://www.themuse.com/advice/the-ultimate-interview-guide-30-prep-tips-for-job-interview-success
Aluno 11	132 e 133			4				http://theundercoverrecruiter.com/how-best-prepare-your-job-interview/
Aluno 12	116 e 117				1			http://lifehacker.com/print-this-checklist-to-better-prepare-for-your-next-jo-1462506055
Aluno 13	119 e 120				2			http://lifehacker.com/5889971/what-questions-should-i-be-ready-to-answer-at-just-about-any-job-interview
Aluno 14	121 e 122				3			http://career-advice.careerone.com.au/job-interview-tips/interview-preparation/jobs.aspx
Aluno 15	123 e 124				4			http://www.kellyservices.com.au/AU/Careers/my-Career-Centre/Job-Interview-Questions-and-Interview-Tips#.VdEwG_1Viko

Fonte: Diário de pesquisa do autor

Para o encaminhamento das atividades propostas, quer sejam das atividades com o LD para subsidiar os trabalhos colaborativos durante o bimestre, quer sejam das atividades para produção do gênero textual pré-definido para produção no bimestre observado, os alunos foram agrupados em grupos A, B, C e D, recebendo, cada um, números de 1 a 4 para cumprimento do primeiro momento da atividade proposta.

Fluxo das Interações (1) – Grupos de trabalho: A. B. C. D.

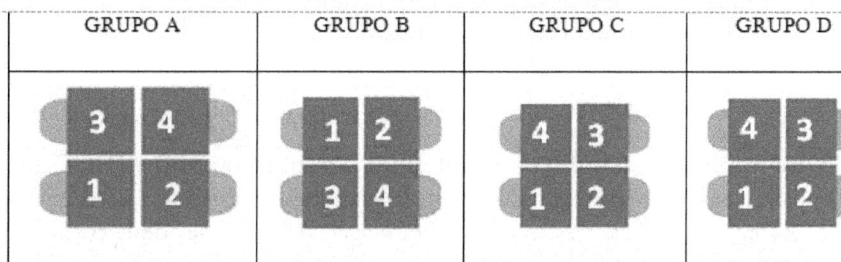

Fonte: Google images

Na sequência, os alunos foram reagrupados, a partir dos números que receberam, agrupando-se com os colegas que receberam números iguais para apresentarem o seu texto lido e os textos apresentados pelos colegas no grupo anterior, completando o formulário oferecido pelo professor para a avaliação da apresentação dos colegas.

Fluxo das Interações (2) – Agrupamento por números iguais.

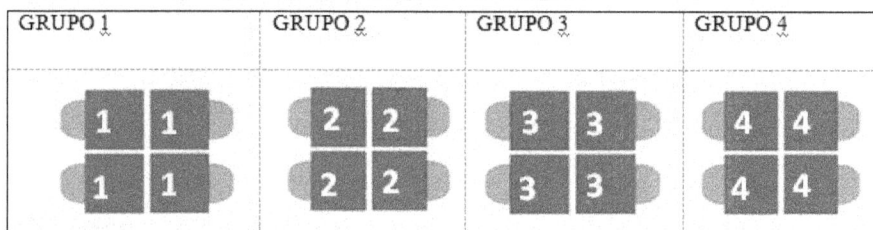

Fonte: Google images

Concluída esta fase, os alunos se organizaram para uma sessão plenária, dispostos em forma de "U" na sala de aula para o que chamamos de "roda de diálogo" ou momento de 'feedback" e ou inserção de outras atividades. Esse é o momento de cada um apresentar para toda a turma o resultado do seu trabalho individual e nos grupos após ter acatado ou rejeitado os feedbacks dos colegas. É também o momento em que o professor dá feedback global.

Fluxo da Interações (3) – sessão plenária (Roda de diálogo).

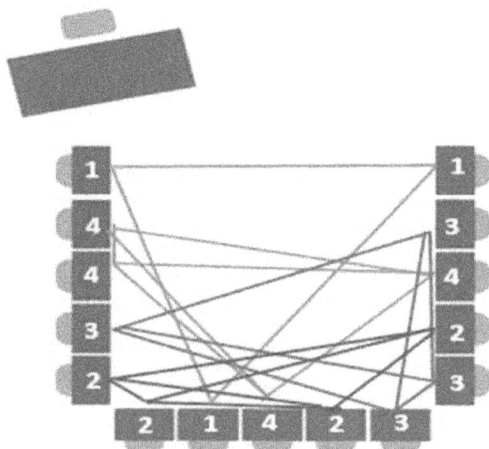

Fonte: Google Imagens

Dinâmica Interacional para trabalhar o gênero textual – (DI-GNR)
O encaminhamento das atividades propostas para a dinâmica interacional para trabalhar o gênero textual *job/training interview* se deu conforme momentos que passamos a descrever a seguir.

Num primeiro momento, cada aluno recebeu um *"link",* conforme indicado no Quadro da DIPAC, para leitura individual de um texto em inglês sobre o gênero discursivo *job/training interview* e servir de base para a elaboração de uma *check-list* colaborativa para se prepararem para uma entrevista simulada em sala de aula, como avaliação oral ao final do bimestre, como se fosse parte de um processo seletivo para estagiários na área da EPT da turma.

Em três momentos seguintes, os alunos reuniram-se em diferentes grupos, apresentando os seus textos aos colegas, em inglês, registrando as avaliações e autoavaliações em um formulário próprio.

Juntamente aos links, os alunos receberam a instrução de ler o seu texto redigindo respostas em inglês para as seguintes perguntas e para prepararem-se para apresentar oralmente em inglês nos grupos e numa roda de conversa com o professor e com os colegas: 1) Qual o foco principal do texto?; 2) O que você destaca no texto como citação? (apresentar justificativa);

Lidos os textos, os alunos apresentaram individual e oralmente nos seus grupos as suas anotações em respostas às perguntas e iniciaram a elaboração de *check lists* colaborativas que o professor solicitou fossem destacadas nos textos como se preparar para uma entrevista de emprego/estágio, a partir de suas leituras.

Ao final das apresentações, numa roda de conversa com o professor, cada aluno apresentou novamente as suas anotações sobre o seu texto lido individualmente, O professor anotou na lousa as características do gênero entrevista de emprego à medida que eram mencionadas pelos alunos em suas apresentações. Após todos terem apresentado, o professor conduziu uma discussão com toda a turma para decidir quais características do gênero estavam repetidas ou poderiam ser fundidas em uma única. Eliminou-se também todas as características que não se referiam à entrevista de estágio.

O Processo interativo e as Teorias de Aquisição de Segundo Língua
Enfatizo que a DIPAC apresentada neste artigo está baseada nos pressupostos teóricos que fundamentam os processos de ensino e de aprendizagem de línguas adicionais. Parto da premissa de que as teorias de aquisição/aprendizagem/produção de conhecimentos são unânimes em afirmar que a interação é um fator *sine qua non* no desenvolvimento cognitivo humano. Portanto, optei pela abordagem metodológica construtivista / sociointeracionista, apoiando-me nos preceitos de Vygotsky (sociointeracionismo) e Piaget (Epistemologia genética).

Várias situações de interações inter e intrapessoais, que proporcionam ao aluno refletir sobre seu conhecimento, nos levou a retomar Ellis (1999), ao considerar a interação interpessoal como um comportamento social que ocorre quando uma pessoa se comunica com a outra e a interação intrapessoal como a que ocorre no interior de nossas mentes (ELLIS, 1999, p. 1).

Interações aluno – aluno

Da mesma forma que se deu o trabalho individual descrito acima, as interações com os colegas (interações interpessoais) foram verificadas durante as produções e apresentações orais e individuais dos trabalhos com o LD ao darem e receberem *feedback* àquelas atividades de modo a construir significados e conhecimentos a partir de erros, na perspectiva dos conceitos de ZDP Vygotsky, (1991), tratamento de erros, *peer editing* e interação reflexiva, Peters, (2009) quando ao aluno é facultada a possibilidade de aprendizagem cooperativa.

As atividades desenvolvidas em grupos (A, B, C e D), indubitavelmente, marcaram o registro da interação destes alunos com seus pares e com os respectivos grupos, propiciando a construção de significados e conhecimentos, na perspectiva do conceito da ZDP em que o indivíduo aprende com o par mais competente.

Os alunos tiveram a oportunidade de refletir e repassar o conteúdo que apreendeu ao outro, podendo assim constatar novos saberes a partir da explanação do seu par, enquanto os outros integrantes fizerem anotações sobre as apresentações dos colegas e preenchem o formulário de avaliação guiada sobre os conteúdos relatados.

Interações aluno – professor

Os alunos interagiram com o professor durante as plenárias de apresentação das características do gênero discursivo no texto lido individualmente e das atividades desenvolvidas no livro didático. Neste momento, os alunos puderam manifestar-se individualmente, ou seja, através de perguntas e respostas esclarecedoras sobre as atividades desenvolvidas.

Em consonância com Ellis (1999) e Leffa (2006), DIPAC propicia a interação do sujeito com o objeto de aprendizagem, ao indicar em cada ciclo de atividades da disciplina a leitura de um texto da bibliografia básica, comum a todos os alunos, com a subsequente produção do gênero textual pré-estabelecido para desenvolvimento ao longo do bimestre letivo.

Além de viabilizar os diversos tipos de interação, o professor proporcionou aos alunos uma experiência metacognitiva e metalinguística ao longo do bimestre, ao pensar sobre o próprio processo de aprendizado, assim como ao acessar os materiais e interagir com os colegas.

Interações intrapessoais

O trabalho individual destes alunos quando do desenvolvimento das atividades encaminhadas com do LD, lhes permitiu refletir sobre a estrutura sintática, vocabulário, estratégias de leitura e de escrita, permitindo-lhes ainda construir significados e conhecimentos que entendemos poderão ser acessados futuramente em situações de uso da língua como conhecimento prévio.

Segundo Paiva (2013, p.4) "a interação está no cerne da aprendizagem de línguas, pois aprendemos línguas para construir relações sociais". Isto pode ser observado quando os alunos conseguem administrar essa proficiência nas diversas interações durante a execução das tarefas previstas na DIPAC.

Input significativo de Krashen e Contexto significativo de Freire (1996)

O gênero discursivo estudado e produzido durante o bimestre tem relação direta com os interesses dos alunos da EPT / CEFET-MG pois é o momento em que estão se preparando para entrevistas de estágio obrigatório.

Assim, pode-se observar que o gênero entrevista de emprego é significativo para esses alunos, pois segundo Krashen (1985, p.2) a hipótese de Input considera que a aquisição de linguagem se dá pela compreensão de mensagens e recebendo input compreensível.

Pudemos verificar também que a DIPAC permite, ao fazer com que os alunos apresentem seus textos e repassem os conteúdos aprendidos aos colegas, práticas reflexivas de aprendizagem, capacidade de síntese. Acrescente-se a isto que, o design da dinâmica dessas interações rompe com o paradigma de que o professor é o centro do processo educacional e transmissor do conhecimento, cabendo ao aluno apenas decorar o que foi dito pelo mestre sem a devida reflexão que a aquisição de saberes exige.

Output Hypothesis de Swain

Com uma visão complementar à de Krashen (1985), Swain (2000) levanta a hipótese que é através da produção de linguagem (escrita ou falada) que a aquisição de uma segunda língua pode acontecer. É através da produção de linguagem que o aprendiz entende o que ele sabe e não sabe sobre a língua objeto de estudo – Inglês.

As apresentações dos alunos dentro dos grupos e nas sessões plenárias dos trabalhos feitos individualmente, tanto na leitura do texto sobre as características do gênero discursivo quanto no trabalho individual com o LD marcaram essa produção de linguagem, confirmada quando da simulação de entrevistas para o processo seletivo de estágio, que resultou na avaliação do desempenho oral destes alunos ao longo do ano letivo.

Considerações finais

Foi observado que os alunos conseguiram interagir de forma profícua tanto na relação aluno-aluno; aluno-professor e aluno-objeto, indo ao encontro das expectativas do DI proposto, quanto na abordagem sociointeracionista.

No tocante às potencialidades e contribuições do design instrucional – da 'dinâmica de interações' - no encaminhamento desta proposta pedagógica para o desenvolvimento das habilidades de produção e recepção escrita e oral em Língua Inglesa, avalio como sendo uma proposta inovadora que vai ao encontro das novas necessidades e reflexões que se fazem necessárias na pedagogia moderna e mostrou que é possível trabalhar e desenvolver as habilidades de produção e recepção, tanto escrita quanto oral em língua inglesa.

Conclui-se que o papel do professor é muito importante na execução e acompanhamento da proposta de dinâmica interacional, pois é o professor que pode tornar o planejamento flexível. Uma das premissas do Design Interacional subjacente à DIPAC é que ele seja suficientemente aberto, flexível, podendo sofrer alterações, acomodações e adaptações de modo a atender o contexto desta prática.

Fica evidente que as principais potencialidades pedagógicas do modelo interacional utilizado na turma analisada neste artigo referem-se à riqueza das interações possibilitadas pela aplicação balanceada da Hipótese Interacional proposta por Ellis (1999) em que o professor tem o papel fundamental de atuar como um elemento motivador das inteligências coletivas, promotor de reflexões sobre o conhecimento construído, no sentido de que os aprendizes se tornem agentes da sua própria formação,

A dinâmica interacional apresentada aqui enfatiza também a ideia de que a desestabilização, própria dos sistemas complexos e as improvisações nas intervenções do professor demandadas pela imprevisibilidade dos processamentos cognitivos dos alunos, estão presentes e interagem na sala de aula, fazendo com que o ambiente de aprendizagem pareça caótico. Por isso, na "sociedade da informação", a interpretação adequada das necessidades específicas de um grupo de aprendizes no seu conjunto e de cada aprendiz como indivíduo dentro desse grupo é importante para o estabelecimento dos critérios para a mediação da aprendizagem e para as tomadas de decisões pedagógicas sobre as intervenções mais adequadas a cada situação de aprendizagem.

Por isso, os professores utilizando-se das tecnologias disponíveis devem trabalhar em função de formar indivíduos reflexivos e críticos. Essa é a principal função de todos os envolvidos nos processos educativos e a dinâmica interacional que apresento aqui se mostra adequada ao desenvolvimento da recepção e produção oral numa perspectiva dinâmica dos processos de ensino e de aprendizagem de línguas em contextos de escolas regulares mesmo em se tratando de turmas grandes.

A DIPAC pode também instrumentalizar o professor para abordar os diversos gêneros textuais presentes nos livros aprovados pelo PNLD que, além da forma, focam também o seu uso a partir de amostras autênticas desses gêneros.

Nessa perspectiva, compartilho essas experiências com a prática integrativa das habilidades de produção e recepção escritas e orais na expectativa de que sirvam de encorajamento aos colegas.

Referências

BRASIL, Ministério da Educação, Secretaria de Educação. *Parâmetros Curriculares Nacionais de Língua Estrangeira Moderna*. Ministério da Educação. Secretaria de Educação – Brasília: Ministério da Educação, 1998. Disponível em http://portal.mec.gov.br/seb/arquivos/pdf/pcn_estrangeira.pdf, acesso em 24 dez. 2015.

ELLIS, R. *Learning a second language through interaction*. Philadelphia: John Benjamins Publishing Company, 1999. 285 p.

FILATRO, A. Design instrucional contextualizado: educação e tecnologia. 2ª ed. São Paulo: Editora Senac São Paulo, 2007

FREIRE, P. Pedagogia da Autonomia – Saberes necessários à prática educativa – São Paulo: Paz e Terra. 1996.

KRASHEN, S. D. The input hypothesis. Issues and Implications. Longman Group UK Ltd: 1985– ss.1-32. Disponível em: http://www.uio.no/studier/emner/hf/iln/LING4140/h08/The%20Input%20Hypothesis.pdf Acesso em: 12 fev 2017.

LONG, M. H. *Native speaker/non-native speaker conversation and the negotiation of comprehensible input*. Applied linguistics. v.4, n.2. 1983, pp. 126–141.

LONG, M. H. The role of the linguistic environment in second language acquisition. In RITCHE, W.; BHATIA, T. *Handbook of second language acquisition*. San Diego: Academic Press. 1996, pp. 413–468.

MORIN, E. *Ciência com consciência* - 1921.Tradução Maria D. Alexandre e Maria Alice Sampaio Dória. Ed. revista e modificada pelo autor. 8. ed. Rio de Janeiro: Bertrand Brasil, 2005

PARREIRAS, V. A., PAIVA, V. L. M. O. Gêneros orais e literatura no ensino de língua inglesa. *Revista Horizontes de Linguística Aplicada* (UnB). v.17, n.2. 2018, pp. 67–91.

PARREIRAS, V. A. *A sala de aula digital sob a perspectiva dos sistemas complexos:* uma abordagem qualitativa. 2005. Tese (Doutorado em Estudos da Linguagem). Universidade Federal de Minas Gerais. Belo Horizonte, 2005.

PARREIRAS, V. A. *Design Interacional Pedagógico Adaptativo Complexo de Aprendizagem*. Conferência proferida na X Jornada Nacional de Linguística e Filologia da Língua Portuguesa, na Faculdade de Letras da Universidade Universidade Federal da Integração Latino-Americana (UNILA), 2015.

PIAGET, J. *Estudos Sociológicos*. Rio de Janeiro: Forense, 1978.

PIAGET, J. *Seis estudos de psicologia*. 20ª ed. Rio de Janeiro: Forense Universitária, 1994.

SWAIN, M. The output hypothesis and beyond: mediating, acquisition through collaborative dialogue. In.: LANTOLF, James P. Sociocultural

Theory and Second Language Learning. Oxford University Press. 2000.
VIGOTSKY, L. S. *A Formação Social da Mente*. São Paulo: Livraria Martins
Fontes Editora Ltda. 4ª Ed. 1991. Disponível em:
http:www.pr.gov.br/bpp. Acesso em: 08 dez 2016.

BIOGRAFIAS DOS AUTORES

Adriana Domenico Cestari tem Doutorado e Mestrado em Linguística pela Universidad Nacional Mayor de San Marcos. Graduada em Letras Português-Espanhol. Atualmente coordenadora e professora de Língua e Cultura Brasileira na formação de tradutores e intérpretes tanto para os cursos da carreira de tradução e interpretação como cursos eletivos português para outras carreiras. Coordenação e capacitação de professores de PLE na Universidad Peruana de Ciencias Aplicadas - UPC. Desenvolve as seguintes atividades: definição de critérios e diretrizes metodológicas e pedagógicas para o desenvolvimento e planejamento de desenho curricular, avaliação, parâmetros para avaliação e elaboração de material didático autêntico baseado em tarefas em PLE para tradutores e intérpretes tanto para os cursos presencias como os cursos blended learning. É integrante da Academia Assessment da carreira de tradução e interpretação profissional para o desenvolvimento instrumentos de avaliação e de parâmetros para avaliação das competências de língua materna, segundas línguas e interculturalidade como também faz parte da linha de investigação do curso de tradução e interpretação tanto como orientadora e jurada de tese. Realiza traduções de artigos acadêmicos ao português para a Revista RIDU. Participou de diversos congressos internacionais na área de PLE tanto nos Estados Unidos como no Peru. E possui as seguintes publicações em livros publicados nos Estados Unidos: Ensino de Cultura Brasileira na modalidade Blended Learning; A literatura brasileira como instrumento motivador no processo de ensino/aprendizagem da língua portuguesa e da cultura brasileira através do método intercultural e comunicativo no universo hispano-americano; e CLIL "Content and Language Integrated Learning" no ensino da Cultura Brasileira âmbito universitário na formação de   tradutores e intérprete profissionais.

Ana Katy Lazare Gabriel, mestre em Educação pelo programa "Linguagem e Educação" da Faculdade de Educação da Universidade de São Paulo (FEUSP) e pós-graduada em "Planejamento, Implementação e Gestão da Educação a Distância" pelo Instituto de Matemática e Estatística da Universidade Federal Fluminense. Membro pesquisadora e professora do Núcleo de Pesquisas Português Língua Estrangeira da PUC/SP e membro pesquisadora do grupo de pesquisa de "Estudos (Sócio) Linguísticos e de Culturas em Espanhol e Português Línguas Estrangeiras da Universidade Federal da integração Latino-Americana (UNILA). Atua como professora de português como língua estrangeira pela Coordenadoria Geral de Especialização, Aperfeiçoamento e Extensão (COGEAE) da PUC/SP, atuando principalmente nos seguintes temas: ensino-aprendizagem de línguas estrangeiras; formação de professores; língua e cultura; Educação de Jovens e Adultos na Educação Pública. Atua também como professora de língua inglesa na Rede Municipal de Ensino da cidade de São Paulo há seis anos.

Bárbara Anna Zielonka, Mestre em filologia inglesa pela Silesian University, na Polônia, atua como professora de inglês na Nannestad High School, Noruega. Co-autora Skills de um livro de curso de Inglês para estudantes vocacionais. Recebeu o prêmio *Great Global Project Challenge Grant*, pelo projeto "O Universo é Feito de Pequenas Histórias". Em maio de 2017, recebeu o prestigioso *Gullepleprisen* 2017 Norwegian Educational Data Society (NPeD) e foi uma das dez finalistas do Prêmio Global de Professores da Varkey Foundation e vencedora do Pole Award, 2018 (Ciência). Educadora Certificada *FlipGrid*, Embaixadora Buncee; *Certified Microsoft Innovative Educator*; Campeão de Cidadania Digital; Embaixadora #TeachSDGs;

Eliete Sampaio Farneda desenvolveu o Programa de Português Língua Estrangeira (PLE) na Virgínia Commonwealth University, em Richmond, Virgínia - USA. Lecionou no mesmo Programa e desenvolveu o Study Abroad reativando o acordo entre o Centro Interdepartamental de Línguas da Universidade de São Paulo e o World Studies Media Center da Virgínia Commonwealth University. Trabalhou como Leitora do governo brasileiro na University of the West Indies, em Saint Augustine, Trinidad e Tobago – no Caribe Anglófono. Lecionou PLE, coordenou o curso de graduação em Estudos brasileiros e participou do desenvolvimento do Syllabus do curso de PLE para o Caribbean Examinations Council (CXC) – Caribbean Certificate of Secondary Level Competence (CCSLC), de Kingston – Jamaica. Possui Bacharelado em Letras, com Habilitação em Língua e Literatura Portuguesa e Francesa. É Mestre em Letras pela Universidade de São Paulo (USP), e Doutora em Filosofia pela Atlantic International University – USA. Sua Tese de Doutorado trata das Implicações do ensino de Português como Língua Adicional em Trinidad e Tobago. Pós-Doutoranda em Linguística Aplicada ao PLE, na Faculdade de Filosofia, Letras e Ciências Humanas (FFLCH) da USP, desenvolveu estudos sobre "A relevância do controle do filtro afetivo no processo de ensino/aprendizagem de Português como Língua Estrangeira", tema voltado para a Formação Continuada do professor de Português Língua Materna que leciona PLE- PLAc. Fez parte do grupo de professores voluntários para pessoas em situação de refúgio, na Missão Paz, em São Paulo. É professora de Português como Língua Estrangeira para o CET Programas Acadêmicos - Brasil.

Franciele Maria Martiny possui graduação em Letras Português/Alemão (2011), especialização em Linguagem, Literatura e Ensino (2009), Mestrado (2011) e Doutorado (2015) em Letras, área de concentração Linguagem e Sociedade, pela Universidade Estadual do Oeste do Paraná (Unioeste). Tem experiência com ensino desde 2011, sendo que assumiu uma vaga no concurso para Professor Adjunto de Português como Língua Adicional, na Universidade Federal da Integração Latino-Americana (Unila), em 2015, tendo atuado em diversos cursos de graduação, ministrando aulas de português como língua adicional (PLA) aos estudantes estrangeiros, e em disciplinas na área da linguística no curso de graduação em Letras Espanhol e Português como Línguas Estrangeiras (LEPLE). Em 2017, foi organizadora geral do FALE (Fórum Acadêmico de Letras), evento nacional e itinerante que naquele ano estava em sua 28o edição, promovido pela ANPG (Associação Nacional de Pesquisa na Graduação), em parceria com a Unioeste, campus de Foz do Iguaçu. Possui orientações de Iniciação Científica e de Estágio Supervisionado em Letras. Desde 2018, ministra aulas na Especialização Ensino-Aprendizagem de Línguas Adicionais (EALA), também na Unila. Tem participação em bancas de graduação e de mestrado, com experiência como avaliadora do CELPE-Bras (Certificação de Proficiência em Língua Portuguesa para Estrangeiros), desde 2015. Desenvolveu durante a sua formação na pós-graduação, e atualmente, projetos de pesquisa situados no campo de construção de conhecimento da Linguística Aplicada e nos estudos sociolinguísticos em torno de políticas linguísticas de ensino e de aprendizagem de línguas em contextos sociolinguisticamente complexos, localizados na Região Oeste do Paraná, os quais envolvem grupos étnicos participantes desses cenários cujos resultados converteram-se em publicações em periódicos científicos da área a fim de debater o contexto de ensino.

Francisca Paula Soares Maia é doutora em Estudos (Sócio)Linguísticos pela Faculdade de Letras / UFMG, Belo Horizonte, Brasil(2012). Professora Adjunta Dedicação Exclusiva da Universidade Federal da Integração Latino-

Americana, Foz do Iguaçu, Paraná, Brasil. Possui graduação em Letras, licenciatura em Língua Portuguesa (1990), Mestrado (2003) em Estudos (Sócio)Linguísticos (2012) pela Universidade Federal de Minas Gerais. Realizou Especialização em Alfabetização e Letramento (2008) fundamentada na Teoria da Variação aplicada ao ensino-aquisição de Português como Língua Materna, posteriormente estendida ao Português como Língua Estrangeira. Desenvolve projetos de pesquisa fundamentados tanto na epistemologia da Sociolinguística Laboviana, como na análise instrumental multivariada. Leciona Português Língua Adicional e Linguística Descritiva na Graduação. Docente Colaboradora no Programa de Pós-Graduação de Políticas Públicas, com foco em Educação na Tríplice Fronteira e na América Latina. É líder do grupo de pesquisa *Estudos (Sócio)Linguísticos e de Integração de Culturas na América Latina*. Coordenadora do projeto de extensão "Português para Estrangeiros e Arabismo na Tríplice Fronteira: integração pela diversidade e interdisciplinaridade".

José Pereira da Silva nasceu em Dom Cavati (MG), a 23 de setembro de 1946 e vive há quarenta e oito anos no Rio de Janeiro. Possui graduação em Curso da CADES pela Universidade Federal da Bahia (1970), graduação em Letras Português/Literatura pela Faculdade de Humanidades Pedro II (1976), mestrado em Linguística e Filologia pela Universidade Federal do Rio de Janeiro (1986) e doutorado em Linguística e Filologia pela mesma universidade (1991). Aposentado pela Universidade do Estado do Rio de Janeiro (UERJ), é membro da Diretoria do Círculo Fluminense de Estudos Filológicos e Linguísticos (CiFEFiL) desde a sua fundação (1994), assim como participou por doze anos da Diretoria da Academia Brasileira de Filologia (ABRAFIL), quando foi membro de seu quadro efetivo. Atuou como docente na Universidade Federal do Acre (UFAC - especialização e graduação, como professor visitante), na Pontifícia Universidade Católica de Minas Gerais (PUC-Minas – coordenador e docente da especialização em filologia), na Universidade Estadual da Bahia (UNEB – especialização), na Universidade Salgado de Oliveira (UNIVERSO – especialização), na Universidade Estácio de Sá (UNESA – especialização) e na Universidade Veiga de Almeida (UVA – graduação). Tem experiência nas áreas de linguística e letras, tendo atuado principalmente em: língua portuguesa, linguística, filologia, língua latina, crítica textual, organização de eventos acadêmicos e edição de textos.

Milton Gabriel Junior, Professor Titular da Universidade Paulista e pesquisador dos grupos: Estudos (Sócio)Linguísticos e de Culturas em Espanhol e Português Línguas Estrangeiras Universidade Federal da

Integração Latino-Americana (UNILA), NUPPLE (Núcleo de Pesquisa Português Língua Estrangeira) da PUC/SP. É professor Titular Universidade Paulista atuando há 8 anos. Tem experiência na área de Letras lecionando na graduação presencial e a distância; professor de PLE convidado para o curso de extensão de Língua portuguesa: língua e cultura, atuando principalmente nos seguintes temas: educação, ensino, implícitos culturais no ensino PLE e aquisição segunda língua, estratégias de ensino.

Regina Maria Gonçalves Mendes é doutora e Mestre em Letras: Linguística e Língua Portuguesa pela Pontifícia Universidade Católica de Minas Gerais, especialista em Educação Inclusiva, Língua Espanhola e Portuguesa e Educação a Distância. Integrante do Grupo de pesquisa do CNPq: Estudos (Sócio)Linguísticos e de Culturas em Espanhol e Português como Línguas Estrangeiras. Professora de português e espanhol em escolas públicas e privadas. Exerce atividades relacionadas com as línguas portuguesa e espanhola, trabalhando na linha de pesquisa variação e mudança linguística com foco na sociolinguística.

Shirlene Bemfica de Oliveira é Doutora em Linguística Aplicada. Professora do IFMG, campus Ouro Preto e atua nos Cursos de Ensino Médio Técnico na área de Ensino de Línguas Estrangeiras e no Curso Superior na área de Formação de Professores. Autora e organizadora do livro *Pesquisa e extensão na escola pública: possibilidades e Desafios*, publicado pela Editora Espaço Acadêmico em 2018. Autora de Produção escrita colaborativa: o olhar de aprendizes da língua inglesa sobre a arte publicado no periódico *Fórum Linguístico* em 2017; Autora e organizadora do livro *Multiletramentos no Ensino de Inglês: Experiências da Escola Regular Contemporânea*, publicado pela Editora IFMG em 2016. Autora de Métodos de ensino de língua estrangeira: contextos históricos e aplicabilidade no livro organizado por Luís Gonçalves, *Fundamentos do ensino de português como língua estrangeira*, publicado pela Roosevelt, NJ: Boa vista Press em 2016. Líder do Grupo de Pesquisa Educação, Trabalho e Sociedade (IFMG); Membro dos Grupos de Pesquisa: Estudos (Sócio)Linguísticos e de Integração de Culturas na América Latina (UNILA); Núcleo de Estudos Críticos em Linguagens, Educação e Sociedade (NECLES - UFF); Grupo de Estudos sobre Aprendizagem da Docência (UFOP); Áreas de interesse de pesquisa: Linguística Aplicada, Formação de Professores, Ensino e Aprendizagem de Línguas Estrangeiras, Relações Étnico-Raciais, Direitos Humanos; CV: http://lattes.cnpq.br/6424487892011938; E-mail: shirlene.o@ifmg.edu.br

Vicente Aguimar Parreiras é professor do quadro permanente do Centro Federal de Educação Tecnológica de Minas Gerais - CEFET-MG. Graduação em Letras - Português/Inglês pelo Centro Universitário Belo Horizonte - UNI-BH (1993), Especialização em Língua Inglesa pela PUC-Minas (1996), Mestrado (2000) e Doutorado (2005) em Letras - Estudos Linguísticos / Linguística Aplicada ao Ensino e Aprendizagem de Línguas Estrangeiras pela Universidade Federal de Minas Gerais - UFMG. Atualmente atua na Educação Profissional e Tecnológica, no Ensino Superior e no Mestrado e doutorado em Estudos de Linguagens do CEFET-MG. Membro titular do Conselho Diretor do CEFET-MG representante dos docentes da EPT. Membro suplente no Colegiado do PPG-Estudos de Linguagens. Interesses de pesquisa: Ensino e aprendizagem de Línguas Estrangeiras; Integração das TDIC aos processos educativos; design instrucional; materiais e recursos didáticos; Leitura, Escrita e Cognição; Processamento de Linguagem Natural - PLN. Integra os Grupos de Pesquisa: INFORTEC - Núcleo de Pesquisa em Linguagens e Tecnologia; Letramentos, Processos Discursivos e Tecnologias; Livros, Materiais, Recursos e Novas Tecnologias em Contextos de Ensino e Aprendizagem no CEFET-MG; LALINTEC - Laboratório de Pesquisa em Linguagem e Tecnologia - UFMG.

BOAVISTA PRESS

Ensino e Aprendizagem de línguas adicionais em foco

Orgs.

Francisca Paula Soares Maia

Regina Maria Gonçalves Mendes